TU IDENTIDAD
SÍ
IMPORTA

Ser HOMBRE

Identificando - Definiendo - Afrimando

Juan J. Varela

editorial clie

EDITORIAL CLIE
C/ Ferrocarril, 8
08232 VILADECAVALLS
(Barcelona) ESPAÑA
E-mail: libros@clie.es
http://www.clie.es

TU IDENTIDAD SÍ IMPORTA
Ser hombre
ISBN: 978-84-8267-875-7
Depósito legal: B.10620-2014
VIDA CRISTIANA
Hombres
Referencia: 224876

Juan Varela Álvarez (España). Diplomado en Teología por el IBSTE en España y licenciado en teología por el SETEHO en Honduras. Cursó estudios de postgrado en *Intervención Familiar Sistémica* en el «Centro KINE», en *Intervención en los Trastornos Sexuales* en el «Centro Carpe Diem», en *Psicología del Matrimonio y la Pareja* en el centro STEA y de *Mediación Familiar* en la Universidad de Sevilla. Junto a su esposa María del Mar han sido misioneros en Honduras y han ejercido como pastores en Zaragoza y en Palma de Mallorca. Juan Varela es fundador y Director Nacional del *Instituto de Formación Familiar* INFFA y Presidente del *Centro de Orientación y Mediación Familiar* COMEFA en Sevilla. Colabora con las asociaciones *De Familia a Familia* y *Enfoque a la Familia*. Ha escrito y publicado diversos libros y es conferenciante sobre temas de familia en España, Latinoamérica y los Estados Unidos.

Este es un libro para hombres que quiero dedicar a una mujer. Gracias María del Mar por ser mi equilibrio, mi compañera fiel en estos años de lucha, gracias por creer en mí y alentarme a ser un hombre de integridad. Eres mi calma y mi sensata seguridad, tu presencia a mi lado aquieta mi parte indómita y salvaje, y me hace anhelar el hogar, la familia, la seguridad de mi tierra. Hoy al lado tuyo y de nuestro hijo, me siento un hombre afortunado y quiero seguir siendo el hombre protector de «mi pequeño rebaño». Aspiro a envejecer a tu lado, a sentarnos juntos a la caída de la tarde en el otoño de nuestra vida, y con una mirada serena y reposada recordar todo lo vivido, todo lo sufrido, todo lo amado. Entonces tendré la seguridad de haberlo conseguido, porque habremos forjado nuestra propia historia, porque habremos impreso nuestra propia huella, porque habremos dejado nuestro propio legado. Tuyo siempre...

ÍNDICE GENERAL

PRÓLOGO

¿Qué hace un libro cómo este sobre hombres, en el siglo XXI, llamado el siglo de las mujeres? Hoy en día hay muchas voces que se levantan para decir a los hombres que ya no son necesarios y a las mujeres que son auto-suficientes. Por esto, entre otros muchos factores, cada vez hay más hombres que se preguntan en qué consiste la masculinidad. ¿Quién te ayuda a encontrar tu identidad como hombre y a vivir de acuerdo a quien eres? «La manera en la que nos vemos, determina como vivimos y como actuamos». Vivimos de acuerdo a la imagen que tenemos de nosotros mismos, lo curioso del caso es que aunque tengamos una idea falsa, vivimos de acuerdo a ella. El hombre de hoy, en líneas generales ha perdido la identidad y el norte de su destino, va a la deriva, pues como nos decía O. Wilde: *Me olvidé de que cada pequeña acción cotidiana edifica o destruye el carácter. Dejé de ser dueño de mí mismo. Ya no era el capitán de mi barco.*

El hombre tiene miedo de ser hombre, de no dar la talla ante una mujer que cada vez es más fuerte y segura. Estamos ante la feminización del hombre y la masculinización de la mujer.

La antropóloga Margaret Mede dice: *El problema central que cada sociedad tiene que afrontar, es definir de una forma apropiada el papel del hombre.* Hombres con heridas profundas y graves carencias emocionales, psicológicas, sociales y espirituales. Carencias vitales que por su ausencia llevan a los hombres a satisfacerlas de maneras poco saludables. Como resultado tenemos un hombre light, en su identidad, *low cost* en sus valores y sus actuaciones y un adolescente en sus emociones.

Por otro lado se presenta muchas veces a los hombres como bufones, seres incompetentes y débiles. Pero quizás hay alguna cosa peor que esta, nuestra sociedad está produciendo hombres egoístas y apáticos. Tenemos delante un hombre superficial y aparentemente feliz, que dice que todo le va bien, pero debajo de esta superficie hay una confusión evidente y una grave crisis de identidad. ¿Cuál es la confusión de los hombres? Al respecto la filósofa y terapeuta Paule Salomón comenta:

Los hombres se ven abocados a cambiar su identidad guerrera, su coraza de fuerza invulnerable por la ternura, la sensibilidad, la vulnerabilidad. El hombre está frente a un desafío de cambio de identidad o de recobrarla y se ve inducido a atravesar una crisis de identidad a lo largo de su crecimiento como persona adulta.

Este es el reto del libro que nos ocupa, *Tu identidad Sí importa.* Un libro que sabe dar respuesta, desde un punto de vista actual, a la gran pregunta: *¿Qué es ser hombre en el siglo XXI?* Sin duda es un libro directamente escrito para nosotros, los hombres de hoy. Pero, ¿qué necesidad tienen los hombres de hoy? El libro que tienes en tus manos responde a esta pregunta de una forma valiente y decidida.

Quizás te hayas dicho más de una vez: *Necesito seguir creciendo como hombre. Necesito ser mejor padre, mejor marido, mejor empleado o mejor jefe, en definitiva mejor persona. Necesito recursos para seguir creciendo como hombre: reflexión, ayuda, ánimo.* Entre otras necesidades los hombres debemos afrontar una visión clara de lo que significa ser un hombre de integridad. Necesitamos herramientas prácticas para tener éxito en el papel de hombres,gestos de ánimo de parte de otros hombres. Necesitamos un lugar emocional y espiritualmente seguro para compartir desde el corazón. En definitiva tiempo y ocasión para procesar lo que Dios dice sobre la auténtica masculinidad.

A mi amigo el Dr. Robert Lewis le debo una definición simple y clara de qué es ser hombre: *Ser un hombre auténtico es 'Rechazar' la pasividad y tomar la iniciativa. Es 'Aceptar' su responsabilidad, ser alguien que no la delega, no la rehúye ni en su hogar, ni en su trabajo, ni en su responsabilidad civil y social. Es 'Liderar' con entusiasmo en su entorno, en su comunidad, actuando en base a sus convicciones y creencias. Es 'Esperar' la recompensa que Jesús nos prometió siguiéndole a Él como modelo de hombre auténtico.*

Tu identidad Sí importa, es un instrumento imprescindible en esta singladura y aventura. Es un libro fresco, original y práctico, que conecta con las necesidades del hombre de hoy. Como dijera un hombre recientemente: *Ha sido todo un reto personal descubrir cuál es nuestra identidad real como varones.* Especialmente recomiendo el capítulo dedicado a las 5 caras del hombre, estoy convencido de que va a revolucionar tu perspectiva masculina. Su lectura, su discusión y su aplicación, ayudará enormemente a los hombres. Es también un libro de estudio que sirve como excelente base sobre la que hablar y reflexionar en grupos y reuniones de varones. Debe ser como una bitácora al navegante, como un mapa al peregrino, porque no podemos escalar la montaña de la auténtica masculinidad solos, ni desconectados de otros hombres.

Imagínate por un momento el poder transformador que surge cuando los hombres deciden juntarse para examinar sus vidas con profunda sinceridad y, con valor, dan los pasos necesarios para ser auténticos hombres de integridad. Cuando los hombres se conectan más profundamente con Dios y con los demás, se motivan para mejorar en todas las facetas de la vida, permitiéndoles esto, escalar los muros del aislamiento y aspirar a una perspectiva cristiana de la masculinidad, caracterizada por la integridad, el valor y la compasión, proveyendo un espacio que promueva el crecimiento personal y espiritual de los hombres, para aprender a compartir desde su interior y para apoyarse juntos en su vivir diario.

Por ello, si queremos llegar a ser los hombres que se espera de nosotros, deberemos incorporar la lectura de este libro junto con otros hombres, comentándolo con ellos, conectando con ellos para que te ayuden a sacar lo mejor de ti, para que te animen en lo que haces bien, te corrijan en lo que debes cambiar, que admiren tus esfuerzos, aplaudan tus logros, y sobre todo, con los que puedas establecer una amistad auténtica y duradera, siguiendo al hombre por excelencia, al Hijo del Hombre, Jesús de Nazaret.

En este humilde prólogo quisiera saludar y felicitar a mi amigo, compañero y hermano, Juan Varela, autor de esta obra, por su apuesta valiente y decidida en afrontar y plasmar como solo él sabe hacerlo, lo que *Sí importa* en la vida. Y junto a él, reconocer a aquellos que han marcado definitivamente una diferencia en mi vida. Cuatro hombres que han señalado como vivos luminares mi camino como hombre: mi padre Víctor, mi abuelo Enric Angurell, mi tío Benjamín Angurell y mi mentor Josep Monells.

Junto a Miguel Castillo, mi amigo y condiscípulo, empezamos la aventura de ayudar a los hombres de nuestra generación, como parte de la labor de la asociación DE FAMILIA A FAMILIA, al ver que la pieza que fallaba en el matrimonio y en la familia era el hombre. Juan Varela se unió al equipo de HOMBRE A HOMBRE, HOMBRES DE INTEGRIDAD. Con su impulso y a través de sus múltiples conferencias, charlas, artículos y programas radiales ha ido ampliando la perspectiva y posibilidades de este enfoque. El resultado ha sido este libro que tienes en tus manos, donde el autor, desde una óptica hispana y aún Latinoamericana, con su elocuencia y también destreza escritora, ha combinado la investigación antropológica sobre el hombre, la propuesta cristiana y la propia experiencia, para así acercarnos más a la auténtica masculinidad, porque *tu identidad y la mía Sí importan.*

Sirva este primer libro, hecho desde nuestro país y para las naciones hispanas, como manual, referente y guía para los hombres que quieran reafirmar su identidad, mentorar a otros, e influir en la próxima generación, dejando un legado tras sí ¡de auténtica, honesta y fructífera masculinidad!

Víctor Mirón
Presidente DE HOMBRE A HOMBRE España -
Barcelona, primavera de 2014

BOSQUEJO

PREFACIO

A la edad de 7 años «sustraje» de casa un paquete de salchichas y junto a mi vecino nos fuimos al bosque cercano para asarlas en una hoguera clandestina. Mientras las llamas crepitaban y carbonizaban las sufridas salchichas, nos sentíamos supervivientes como Robinson Crusoe en una isla perdida. Con 10 años construimos nuestra primera cabaña y con 12 creamos la CIA (Confederación de Inteligencias Asociadas) bajo el propósito de copiar de la mesa del profesor, el borrador de los exámenes que cada mes nos ponían. En cada una de aquellas empresas, me sentí importante, imprescindible y capaz. Nos fascinaba el sabor de lo prohibido, el riesgo de llegar al límite en alguna hazaña «de vida o muerte», traspasando las fronteras de lo «políticamente correcto». ¿Sabes de qué hablo, querido lector?

El sentimiento era genuino y hasta positivo, y aunque los actos fueran reprobables y éticamente incorrectos, en su esencia lo que despertaban en nosotros era algo auténtico y legítimo, directamente vinculado a la semilla de liderazgo que Dios puso en el corazón de todo hombre. Algo que responde a un

latido ancestral que nos conecta con lo primario, con la creación, con los latidos de la tierra, con lo indómito y salvaje, y que
tiene que ver con espíritu de conquista, liderazgo, riesgo y afán
de explorar, viviendo aventuras que nos hagan sentir latentes y
activos. Se trata de nuestra hombría y es un legado directo de
la imagen de Dios en nosotros. No hay que negarlo, solo cana-
lizarlo de forma adecuada, no hay que reprimirlo, solo dirigirlo
dentro del marco ético apropiado. ¿Sorprendido? Espero que
no, pero en realidad, ¿qué es ser hombre?

Aún recuerdo las películas del oeste americano típicas de
nuestra infancia. El vaquero con sus dos pistolas al cinto tras-
pasaba las puertas batientes de la cantina, dirigiéndose directo
y resuelto hacia la barra. El camarero con bigote y fajín sin
mediar palabra le llenaba hasta los bordes el vasito de whisky,
y entonces nuestro hombre en un movimiento rápido y calculado, lo vaciaba directamente en su garganta. Al momento
desviaba la mirada hacia las coristas lanzando un gruñido de
aprobación, lo cual era motivo suficiente para que estas desple-
garan su arsenal seductor... ¡Qué tipo duro! ¡Todos queríamos
ser como él! En realidad no era un modelo correcto, pues el
concepto de macho, hombre duro y a-sentimental, premiado
por la utilidad de su bragueta y la fuerza de su puño, pertenece
a un arquetipo histórico heredado por una mala interpretación
de los conceptos legítimos de agresividad, fuerza y virilidad.
Lo que si era legítimo era lo que despertaba en nosotros: el
carácter de un hombre decidido y con las cosas claras.

Dentro del *plan* de Satanás para destruir el *plan* de Dios, la
familia está puesta en el punto de mira como primer objetivo,
y dentro de la familia el enemigo sabe muy bien que ha de comenzar por el hombre, es decir por la cabeza. Ya desde Génesis
3 y en el marco de la tentación, el papel del hombre queda desvirtuado al ceder a la pasividad y no advertir a la mujer de que
no comiese del fruto prohibido. El fruto era bueno, agradable,

codiciable, apelando a los sentimientos y al placer hedonista, los mismos ídolos que hoy imperan en la cultura ultramoderna. Nos ocuparemos de eso más adelante. A lo largo de todo el Antiguo Testamento el ataque al papel del hombre como cabeza del hogar y en sus roles de esposo y padre, es estratégico y fríamente calculado en la mente del enemigo. Son muchos los hombres que fallaron en su rol de esposos o padres y sufrieron las consecuencias.

Sergio Synai desarrolla la pérdida de las tres características que definen la esencia de un hombre dentro de la familia (proveedor, protector, procreador). Es bien cierto que la pérdida de la hegemonía en la aportación de la economía familiar, la pérdida en el rol de protector/cuidador, junto con la pérdida en el rol de progenitor, ha desorientado y despojado al hombre de algunos referentes importantes. Es decir, la mujer ya no está sujeta a la hegemonía económica del varón, las exigencias del feminismo radical le hacen creer que en su independencia ya no necesita la protección del varón, y en el tema de la procreación ni siquiera el hombre se hace necesario, el banco de esperma y la inseminación artificial lo suplen. Todo eso mina y menoscaba la identidad y la autoridad del varón, pero en realidad esas tres características atribuidas al taburete de la masculinidad, se quedan francamente cortas para dar la medida de lo que es un hombre. Un hombre es mucho más.

La palabra «provisión» es la que merece un análisis más profundo. La esencia de la auténtica masculinidad tiene que ver con «visión y provisión». El hombre que provee, es el hombre que sustenta, que mantiene el equilibrio familiar en aspectos que van mucho más allá que la economía, el alimento y el resguardo. Por generaciones y desde la Revolución Industrial en la cultura occidental, el hombre se ha preocupado de suplir para la economía familiar, y con ello se creía liberado de otras responsabilidades domésticas como la educación de sus hijos, o el tiempo relacional con su esposa. Creía que ya cumplía con su papel de proveedor. Pero la provisión «solo» para las necesidades físicas y funcionales de la familia es en realidad el deber más fácil y superficial del proveedor y su auténtico significado va mucho, mucho más allá de esos aspectos necesarios pero no vitales. Ser hombre es una empresa bastante más ambiciosa.

En demasiados lugares vemos hombres pasivos, hombres cansados, hombres desorientados y conformados. ¿Cuál es el motor de un hombre? ¿Qué activa la energía en su corazón? La visión de su papel de «proveedor». La semilla de liderazgo capacita a todo hombre con la visión global de algo que trasciende su realidad inmediata y sus circunstancias particulares: su liderazgo tiene que consistir en ser guía, ejemplo, en cubrir necesidades emocionales y espirituales, en mirar al frente con esperanza sabiendo anticipar cambios y retos de futuro. En dejar no un patrimonio, sino un matrimonio, una familia, un legado que permanezca. Esa tiene que ser la visión de todo hombre. Cuando el rey David estaba próximo a su muerte, traspasó a su hijo Salomón, el futuro rey sucesor, la declaración de misión, que hacemos extensiva a todos los varones:

Yo voy camino al lugar donde todos partirán algún día. Ten valor y sé hombre. Cumple los requisitos del Señor tu Dios y sigue todos sus caminos. Obedece los decretos, los mandamientos, las ordenanzas, y las leyes..., para que tengas éxito en todo lo que hagas y dondequiera que vayas[1].

Claro, somos conscientes de que el ideal choca con una realidad dura y difícil. Por un lado puede ser que la relación con nuestra pareja no nos haya colocado en la mejor posición para un liderazgo exitoso, al fin y al cabo nuestra esposa tiene mucho que ver en que consigamos ser hombres con un liderazgo efectivo. Por otro lado la crisis económica y de valores en

---

[1] IR.2:2-3 NTV.

nuestra aldea global, dificulta en la «masa» el mantener el espíritu de lucha y conquista frente a un modelo social pesimista, egoísta y alienado. Pareciera que el honor, el trabajo duro, la constancia y la disciplina han quedado relegadas al campo del deporte, mientras que la ética del trabajo y las relaciones en los negocios están marcadas por el fraude, la mentira, la especulación, el soborno, la erótica del poder, y en definitiva el amor al dinero, «raíz de todos los males»[2].

La cultura permisiva y relativista donde todo vale y no hay verdades absolutas, choca con el concepto de ideales y visión que queremos transmitir. Un ideal es una verdad absoluta por la que vivir, y aun por la que morir, es la energía que proviene de tener un objetivo que perseguir, una meta que alcanzar[3]. Cuando era pequeño me gustaba mirar unos dibujos animados de un burro muy obstinado. Cuando el hombre se subía en el animal, este se negaba a caminar aún por más golpes que recibía. Su dueño entonces ideaba un plan para conseguir poner en marcha al «burro» de su burro. Ataba una zanahoria en el final de una larga caña y subiéndose al animal la colocaba al frente del mismo. El burro cuando veía frente a él la jugosa zanahoria empezaba, no solo a caminar, sino a trotar en pos de semejante golosina. Y es que cuando hay un ideal que perseguir, surge la energía y la motivación de forma natural. Cuando no hay verdades absolutas, no hay ideales que perseguir, y sin ideales no hay energía, no hay motor, todo pierde fuerza y propósito. Es la filosofía del ateo, vivamos el presente y su realidad inmediata, muy bien descrita en ICor.15:32: *Comamos y bebamos porque mañana moriremos*, o en el refranero popular: *El muerto al hoyo y el vivo al bollo.*

Sin embargo nada de esto es excusa para no marcar la diferencia, para no ser sal y luz, pues *el que algo quiere, algo le cuesta.*

---

[2] ITim.6:10.
[3] Fil.3:14, He.11:26.

Cuando analizamos el texto bíblico en busca de hombres con visión de conquista, reconocemos que el porcentaje puede parecer desalentador, pues, por ejemplo, de los doce exploradores que Moisés envió a reconocer la tierra prometida, solo dos tuvieron esa visión de conquista, el 90% restante renunciaron a la «leche y la miel» ante las dificultades y peligros que entrañaba la empresa. En realidad y en el fondo preferían la falsa seguridad de Egipto, a los retos de la tierra prometida. Pero si queremos ser hombres de integridad y honor, tenemos que ser idealistas y visionarios, podemos romper ese porcentaje, eso sí, con trabajo y mucho esfuerzo, con visión y provisión, recordando siempre que la diferencia entre un soñador y un visionario, es que el visionario lleva a cabo sus sueños.

Como ya hemos mencionado en nuestro anterior libro *Tu Matrimonio Sí importa*, el tema de la crisis de la masculinidad no debería figurar como uno más de los daños colaterales derivados de una sociedad que ha menoscabado los cimientos del matrimonio y la familia, sino que su importancia es tal, que debería ser tratado como el principal de los daños que de no ser reparado, causará, como ya está ocurriendo, gravísimos problemas en la identidad del hombre, en su papel de cabeza, y como consecuencia en su pareja e hijos, es decir en el sano desarrollo de su familia, y por extensión, de la iglesia y aún de la sociedad.

Hablamos de una profunda desorientación, de una grave crisis de la masculinidad, de un ataque sin precedentes al corazón del hombre y a la institución divina de la familia. Recordamos la frase *El hombre tiene miedo de ser hombre y la mujer con ser mujer no tiene bastante*, que resume de forma acertada el cambio de papeles, los nuevos paradigmas donde para muchos, el hombre ya es el nuevo sexo débil y un rival superado.

En el juego del ajedrez la partida solo se gana cuando se vence al rey, y como en una partida de ajedrez, la familia se perderá, si el enemigo anula al hombre, al cabeza del hogar. No vamos a consentir eso, no podemos quedarnos insensibles e impasibles frente a este ataque, el peligro es real, ¡estamos en jaque! , y por eso vamos a reaccionar, vamos a coger la «espada» y luchar por nosotros y por lo nuestro. Si lo haces, ten por seguro que el Señor te va a dar la victoria. ¿Quieres asumir el reto? ¿Estás dispuesto a pelear por tu honor y por tu familia? Quiera Dios que al igual que Josué hagas tuya su declaración de propósito: *Escogeos hoy a quien sirváis, pero YO y mi CASA serviremos al Señor*[4].

---

[4] Josué 24:15.

PARTE I
Identificando: El problema

CAPÍTULO I

I. ¿Qué es ser hombre?

Introducción

Los roles tradicionales de masculinidad están en crisis. El concepto rancio del superhombre que todo lo puede profesional, económica y sexualmente se desmoronó ya hace tiempo, alentado en su caída por el avance de las mujeres en los distintos ámbitos que antes estaban reservados solo para los hombres. Ante todo esto, el mundo masculino se derrumba intentando reubicarse en el nuevo escenario social con cambios demasiados rápidos. Frente a este panorama repetimos la pregunta del millón: *¿Qué significa ser hombre hoy?*

Esta es la pregunta planteada y el reto al que nos enfrentamos, con el objetivo de que a lo largo del desarrollo de este libro sepamos darle una respuesta firme y contundente. Lo haremos partiendo desde una aproximación teológica, antropológica y cultural. La imagen del hombre y su identidad como varón han sufrido un desgaste histórico. La pérdida de identidad y por lo tanto de autoridad, ha sumido al hombre en una desorientación tal, que le ha incapacitado para cumplir con sus roles, convirtiéndole, a lo largo de todo un proceso que analizaremos, en una triste caricatura del modelo que Dios planeó.

Aun antes de que la postmodernidad invadiera el escenario como la nueva cosmovisión del mundo, Brannon y David (1976) aislaron para aquellos tiempos lo que serían cuatro rasgos característicos de la masculinidad negativa, que ya eran preludio de la crisis de la masculinidad que se avecinaba. En realidad el mismo ADN, como un virus resistente, siguió marcándose hasta hace bien poco y, en muchos casos, sigue compitiendo con las nuevas formas de entender la masculinidad. Dichas características son las siguientes:

1. La masculinidad consiste en el repudio de lo femenino.
2. La masculinidad es evaluada por la riqueza, el poder y el status social.
3. La masculinidad requiere la impenetrabilidad de las emociones.
4. La masculinidad exige destacar, ser agresivo y realizar acciones arriesgadas en nuestra sociedad.

Hay un «código varonil» aprendido que tiene que ver con esto y que lo único que consigue es castrar la auténtica masculinidad y perpetuar en muchos hombres un modelo inmaduro y desconectado de su realidad. Este es el concepto de macho que ha permanecido hasta la década de los 80 y que con la postmodernidad ha ido dando paso a su modelo antagonista, el hombre ligth, pasivizado y feminizado, del que seguiremos hablando más adelante.

¿Es el hombre una especie en peligro de extinción? ¿Es la distinción de géneros una construcción social destinada a mantener la hegemonía del macho? Se trata de un ataque sistemático desde distintos frentes: los colectivos feministas radicales, los colectivos homosexuales, la ideología de género, la ruptura con modelos caducos que ya no sirven. Todo ello está provocando una profunda desorientación, una grave crisis de identidad en el hombre. ¿Qué es ser hombre hoy en día? ¿Es acaso feminizarse? Hace 30 años para ser hombre, uno tenía que tener pelo en el pecho, un cigarrillo en la comisura de sus labios como prolongación constante de sí mismo, una poblada barba y una cerveza o whisky en su mano.

Por contra, hoy el ideal de hombre es el modelo heterogay y metrosexual, sin un ápice de pelo en ninguna parte del cuerpo. Se trata del nuevo «varón dandy»[1] que se hace la manicura, utiliza crema hidratante y exfoliante, perfumes de diseño y ropa interior de Calvin Klein. Es el mundo al revés. El hombre se feminiza y la mujer se masculiniza asumiendo, por desgracia, la parte machista y hegemónica del sexo masculino. Pero ya que hablamos de la mujer, un pequeño apunte para aclarar algo importante. Cuando escribimos un libro para varones, no es que pretendamos ignorar a las mujeres y establecer algún tipo de rivalidad de género. No, muy al contrario, estamos convencidos de que cuando el hombre reubique su papel y entienda su propósito, serán las mujeres quienes recuperen su lugar en posición, honor y dignidad.

Por tanto la pregunta: *¿Qué es ser hombre?*, será respondida desde el análisis previo de los campos de la teología, antropología, historia y cultura. Así, el bosquejo del libro gravita sobre tres ejes fundamentales: *Identificando, definiendo, afirmando.*

En la primera parte *identificaremos el problema* analizando los distintos aspectos que, desde los campos mencionados, han contribuido a tergiversar y confundir la identidad del varón.

---

[1] Perfume, o más bien colonia para hombres, muy popular en los setenta.

En la segunda parte *definiremos las causas* analizando los movimientos sociales que desde la historia y la cultura Occidental han ido modificando, o mejor dicho *diluyendo*, el papel del hombre y sus roles sociales.

En la tercera parte *afirmaremos el verdadero significado* de lo que implica ser hombre, proponiendo las características y el modelo de hombre que emana de las páginas de la Biblia y del reflejo del propio Jesús de Nazaret, modelo de verdadera hombría.

Es mi deseo como autor, que la lectura de este libro contribuya a despojarnos de todos los falsos estereotipos y fijar definitivamente y para siempre, los paradigmas de la auténtica masculinidad, cumpliendo así el propósito de Dios para todo hombre: *A fin de que el HOMBRE de Dios sea perfecto, enteramente preparado para toda buena obra*[2].

1. Antropología bíblica: *El origen del ser humano*

Identidad, trascendencia y sociabilidad son tres grandes pilares en la identidad del ser humano. Todo hombre, varón y hembra, necesita encontrar la respuesta al origen de su existencia, saber de dónde viene, para qué está aquí y a dónde va. Los creyentes tenemos una gran ventaja a la hora de responder estos interrogantes, pues tenemos claro que el hombre/mujer es fruto de la creación de Dios, dentro de un diseño inteligente donde todo obedece a un plan preparado desde la eternidad.

Dios crea al hombre de la tierra, del polvo de la tierra, dotándole de su propia imagen y semejanza, mientras que la mujer es creada del varón. «Tierra y carne» marcan ya desde el principio una impronta bien diferente en cada uno, que po-

---

[2] (IITim.3:17) El término «perfecto» en la Biblia, siempre y en todos los casos en los que se refiere al ser humano, se entiende como «maduro y equilibrado».

dríamos resumir en esta frase: *El hogar del hombre es el mundo, mientras que el mundo de la mujer es el hogar*. Adán significa tierra roja, pues el hombre, al ser creado del polvo, comparte los mismos elementos químicos que la tierra (oxígeno, carbono e hidrógeno). Es por ello que el hombre está más ligado a la naturaleza, a su latido vital y ancestral, a los pulsos de la tierra y al espíritu de conquista del que hacíamos mención al principio. Adán fue formado de la tierra y Eva fue formada de la propia persona de Adán. Ella de su carne y por tanto relacional y cercana, él de la tierra y por tanto indómito y salvaje. Por eso en la experiencia de la paternidad, la madre *retiene* (el hogar) y el padre *envía* (el mundo). Ella es la seguridad del hogar para sus hijos, mientras que el padre es el puente que les conecta con el reto del mundo exterior. El diseño revela el destino.

El mandato cultural pronunciado por Dios en Gn.1:22 deja claro que el primer encargo que Dios le da al hombre y a la mujer es un llamado a la conquista, a la aventura: *Fructificad y multiplicaos, llenad la tierra y administradla*. El llamado es a los dos, es un llamado a la familia, pero cada uno responde desde su naturaleza primigenia: Adán que es tomado de la tierra, por tanto de la naturaleza, es el encargado de conquistar, luchar, dominar el medio. Eva que es tomada de Adán, de su carne, por tanto de lo humano y relacional, es la encargada de la «cueva» de la seguridad de lo relacional, de lo afectivo. *Él*, del continente, *ella* del contenido. La necesidad de conquista y la necesidad del hogar, «raíces y alas» son energías ancestrales ancladas en el alma de cada hombre y de cada mujer. No las podemos negar, porque en su complementariedad, conforman la estabilidad de la estructura familiar.

El hombre al ser «del mundo»tiene la tendencia natural a la autonomía y la independencia, pero la Palabra es clara y cuando establece en Gn.2:18 que *No es bueno que el hombre esté solo*, está aludiendo a la parte relacional que el hombre posee. Es cierto que Adán es creado de la tierra, pero lo que le dignifica como ser humano es el soplo[3], el espíritu de Dios que le transfiere su imagen y semejanza: *Hagamos al hombre a nuestra imagen, conforme a nuestra semejanza*[4]. Esto quiere decir que si en la esencia de lo que es Dios confluye la armonía relacional entre las tres personas de la Trinidad, al hombre le es transferido por «marca de diseño», el mismo elemento relacional y la necesidad de sociabilización. La conclusión es que el hombre no fue diseñado para vivir en soledad sino en comunidad. Todo hombre necesita un «tú» que le haga consciente de su «yo». Esto que en la mujer es evidente, debe ser recordado a todo varón.

Sin embargo esta necesidad queda camuflada después de Gn.3 cuando el hombre cae de la gracia de Dios, alimenta la semilla de la pasividad y mantiene una conducta de ocultación hacia su creador: *Tuve miedo... y me escondí*[5]. Desde entonces la tendencia de la naturaleza caída de Adán deriva al aislamiento y a no implicarse en sus responsabilidades, es como una huida hacia adelante, donde todo hombre tiene que luchar con su inclinación ancestral a ser «llanero solitario»[6].

Por ello y debido al carácter relacional con el que fuimos dotados al ser hechos a imagen y semejanza de Dios, y también debido a la ocultación de esa necesidad por parte del hombre[7], Dios declara que: *No es bueno que el hombre esté solo, le haré ayuda idónea*. De forma que la mujer suple la soledad del varón y

---

[3] «Soplo» se refiere a «espíritu», pues el término griego «pneuma», aplicado desde la Septuaginta que es la primera traducción al griego de toda la Biblia, quiere decir aliento, soplo, aire, de donde derivan palabras tan comunes para nosotros como «neumático» o «neumonía».

[4] Gn.1:26.

[5] Gn.3:10.

[6] Si bien es legítimo y necesario, que una vez que el hombre cumpla con sus deberes familiares, tenga su espacio personal y sus tiempos privados.

[7] Esa «ocultación» revela justamente una necesidad relacional en todo hombre, que aunque ignorada, no puede ser extirpada y, por ello, detrás de la fachada de autonomía típica del hombre subyace esa necesidad vital de compañerismo.

viene a ser su complemento ideal. Y es que en un orden adecuado, el hombre necesita del hogar, de la estabilidad de una mujer y de la responsabilidad de unos hijos. Este vallado de protección que es el hogar, nos sujeta y arraiga, nos compromete a la fidelidad y nos frena en nuestro deseo de vivir «fuera del corral», fuera del jardín, en la tierra del errante.

Desde el momento de la creación de Eva, Dios deja bien establecidas las tres grandes responsabilidades de Adán y por consecuencia, de todo hombre. Con la advertencia de no comer de todo árbol del huerto, Dios hace del hombre un ser de libre elección y le da un código de honor por el que conducirse. Con el encargo de labrar la tierra, Dios le da al hombre una responsabilidad y un trabajo, es decir una ocupación y un propósito. Y con la creación de Eva como su ayuda idónea, Dios le da al hombre una mujer y una familia a la que liderar y amar. De forma que un código ético por el que conducirse, una ocupación que le valide y dignifique, y una mujer y familia a la que amar y por la que luchar, conforman las tres responsabilidades básicas de un hombre de integridad. Robert Lewis en su libro *La Crianza de un Caballero Moderno*, trabaja muy acertadamente estos puntos y añade que igualmente el propio Jesús cumple esas tres responsabilidades: su código ético era hacer la voluntad del Padre, su ocupación o trabajo era anunciar el Reino de Dios, y la Iglesia redimida es la mujer a la que ama y con la que se desposará en las bodas del Cordero.

En esa conducta de ocultación de la que hablamos, Adán hace todo lo contrario a lo que se le había encomendado. Primero no advierte a la mujer y por tanto no ejerce su liderazgo, y segundo, come y rompe su obediencia a Dios, iniciando un camino de ocultación e independencia, que parte de sus hijos por la línea depravada, la de los descendientes de Caín, continuarán potenciando. De hecho la historia de

Caín es la historia de un asesino, de un perdedor, cuyo padre fue expulsado del paraíso, del Edén, del jardín de las delicias, para vagar errante y extranjero por la tierra de Nod[8]. Maldecido por Dios, Caín huye, será vagabundo y extranjero, sin patria, sin hogar, sin lugar permanente. En el propio significado de su nombre se refleja su destino, pues Caín significa «el que forjó su propia lanza». Ya se vaticina el sentido de independencia, rebeldía y justicia propia que caracterizarían a sus descendientes.

Cuando Dios maldice a Caín por la muerte de su hermano, se sigue produciendo una brecha que acentúa más, y en sentido negativo, el lado indómito y salvaje del hombre, en este caso por vía de maldición. Es en estas dramáticas circunstancias donde se menciona la primera ciudad de la historia y donde se ven las bases de la civilización, los pilares que luego conformarían el desarrollo de las civilizaciones posteriores. En primer lugar destacamos que la primera ciudad de la historia fue fundada por Caín, también el primer asesino de la historia, marcado con el estigma de la maldición divina. Uno de los signos iniciales de su alejamiento de Dios es el hecho de que se case con dos mujeres, rompiendo el principio de monogamia decretado por Dios en Gn.2:24 y comenzando una vida de independencia y autonomía de Dios.

El primer hijo de Caín fue Enoc; y los descendientes de Enoc ponen los pilares que constituirán la organización de toda civilización posterior: ganadería y agricultura, filosofía y bellas artes, industria y metalurgia. Dichos pilares constituyen la base de la primera civilización y fueron establecidos sobre descendientes del linaje de Caín, el asesino errante, y sobre una ética de vida ya pervertida y alejada de los valores, la ley y la obediencia a Dios.

---

[8] Es decir, tierra del errante

- Lamec fue «padre de los que habitan en tiendas y crían ganado».
Precursor de la Industria Ganadera.

- Jubal fue «padre de todos los que tocan arpa y flauta».
Precursor de las Bellas Artes y la Cultura.

- Tubal-caín «artífice de toda obra de bronce y de hierro».
Precursor de la Industria metalúrgica.

Pilares de la 1ª civilización

Después de mencionar en Gn.4 toda la historia de los descendientes de Caín y la fundación de la primera ciudad y civilización posterior, en el versículo 25 renace de nuevo la esperanza en el hombre cuando Eva da a luz a Set, quien iniciaría a través de su linaje, la línea piadosa de obediencia a Dios: *Entonces los hombres comenzaron a invocar el nombre de Jehová*[9]. Caín y Set representan dos tendencias antagónicas en la naturaleza de todo hombre. Todo varón lucha entre estos dos arquetipos de masculinidad: la independencia y rebeldía de Caín por la línea depravada; y la obediencia y sujeción a Dios de Set, por la línea bendecida.

¿Somos así los hombres de hoy? ¿Se sigue desarrollando el virus de la pasividad, de la soledad, de la lejanía, de la independencia de Dios? Al mismo tiempo, ¿no anhela el hombre obedecer un código de honor, cumplir con un llamado divino y cuidar, proteger y amar a su mujer, sus hijos, su familia? ¿Hay cadenas ancestrales y necesidades no satisfechas en el corazón de todo hombre? Vamos por buen camino...

---

[9] Gn.4:26.

2. Antropología cultural: *El desarrollo social del hombre*

Nos toca introducir el desarrollo social del hombre en su medio cultural. Hemos visto las características del ser humano desde su naturaleza caída, hemos mencionado también las bases de la primera civilización sobre una ética depravada, y a partir de este punto se desarrolla la historia de las civilizaciones y la cultura hasta nuestros días. Pero empecemos por definir qué es cultura.

La cultura es aquel conjunto de elementos que determinan el modo de vida de una comunidad, compuesta de lenguaje, pautas, sistemas sociales, económicos, políticos y religiosos. Entendiendo por pautas sociales aspectos como la moral, las costumbres, creencias y toda la suerte de hábitos de los que el ser humano se apropia, como miembro de una sociedad. Por tanto todos los seres humanos establecidos en un núcleo social, del que comparten educación, valores, tradiciones y creencias, poseen una cultura. Ahora bien, nos interesa investigar el papel del hombre dentro de las distintas culturas tribales del escenario mundial, sobre todo la de aquellos pueblos indígenas que aún conviven de forma natural en su medio y no han sido contaminados ni adulterados en su ancestral forma de vida y costumbres.

Al estudiar estas culturas podremos evaluar su proceso de homo-socialización y reunir las características comunes de esas distintas tribus y etnias, por las que el desarrollo social del hombre se da. Sociólogos y antropólogos coinciden en aislar las siguientes pautas de comportamiento, en cuanto a lo que implica el proceso de homo-socialización por el que se llega al concepto de lo que es ser un hombre en estas culturas ancestrales. Sus características afines en el camino a la masculinidad incluyen:

— Rituales de iniciación en las distintas etapas de crecimiento.
— Figuras de autoridad jerarquizadas a las que someterse y de las que recibir sabiduría.
— Códigos de honor y lealtad por los que conducirse como hombres de integridad.
— Ceremonias y rituales religiosos para solemnizar actos y conectarse con lo trascendente.

Los rituales de iniciación son pruebas de transición hacia la madurez que cierran la puerta a una etapa superada y abren otra puerta a un horizonte nuevo por conquistar. Son los escalones naturales que canalizan y determinan la transición de niño a hombre, permitiéndole asumir plenamente su identidad masculina, y estableciendo una comunión satisfactoria y armónica consigo mismo, con la comunidad que le recibe y la naturaleza que le rodea. Este proceso transformador se sucede desde la comunidad y consiste en pruebas de supervivencia, valor, resistencia al dolor, etc. El reto de cazar un animal, pasar la noche en la espesura de la selva, o competir con otro joven, se hace desde la comunidad que observa las instrucciones que se da al iniciado y lo envía a la prueba.

Posteriormente y después de cumplido y superado el proceso ritual, es la misma comunidad la que da la bienvenida, ya no al joven sino al hombre, en una forma que le da valor al iniciado reconociéndole su nuevo status. El mensaje implícito es que el niño ha muerto y ha nacido el hombre. Ahora hay nuevas responsabilidades y un nuevo nivel de madurez que asumir. Así, tras la superación de estas pruebas iniciáticas, los jóvenes van construyendo la verdadera hombría, la auténtica masculinidad. Al respecto Nicolosi afirma:

Las culturas primitivas suelen mostrar una intuición hacia la ayuda que necesitan los niños para motivarles a crecer en su identidad masculina, estas culturas no permiten que sus jóvenes crezcan sin que atraviesen un elaborado conjunto de ritos de iniciación varoniles, para ello se entiende que convertirse en un hombre requiere lucha[10]

Figuras de autoridad jerarquizadas. En cuanto a las figuras de autoridad y las jerarquías debemos decir que todo niño las necesita para crecer con referentes y sentido de respeto y sujeción. En primer lugar esa figura de autoridad comienza siendo su madre en la seguridad del hogar. Luego, en el caso de los varones, se ocupará el padre quien tiene la responsabilidad de conectarlo con el mundo exterior, y posteriormente será la comunidad, la tribu, en este caso en los aspectos de autoridad y mentorado, quien a través de los jefes tribales y de los ancianos sabios, irá instruyendo al joven y equipándole para la vida. Es una auténtica escuela de enseñanza donde los progenitores y la propia comunidad conforman unos límites y reglas, establecidos como criterios normativos para todos. Esto provee seguridad, identidad y sentido de pertenencia.

Códigos de honor y lealtad. Quién no recuerda las viejas películas de vaqueros e indios, donde estos últimos desde la intimidad de sus poblados en las sabanas del oeste americano, compartían y transmitían a los iniciados al calor de una fogata y al abrigo de la noche, sus experiencias de vida, sus tradiciones y costumbres, sus códigos de conducta y su sentido del honor y la lealtad. Aquí no hay conocimiento ni filosofías huecas, hay principios universales de sabiduría ancestral, transmitidos desde la propia experiencia. Esa es la mejor de las universidades donde nuestros hijos pueden aprender lo que significa ser un hombre. La película de Kevin Costner, *Bailando con Lobos*, ganadora de 7 Oscars en 1990, supone un verdadero anti-mito con las clásicas películas del oeste americano. Aquí los papeles se invierten y los indios son los buenos en oposición a los blan-

---

[10] NICOLOSI, Joseph. *Como prevenir la homosexualidad*. Edu.Com, Madrid, 2009, p.50

cos salvajes. La película refleja muy acertadamente la nobleza de una tribu de indios en estado puro, donde la lealtad, la amistad, el honor y el respeto al entorno, son sus valores principales. En uno de nuestros viajes a Estados Unidos atravesamos parte del desierto de Mojave entre Los Angeles y Las Vegas. Al pararnos en una gasolinera para repostar y descansar, vimos una familia de indios ataviados con sus trajes típicos. Culturas nobles y naturales sometidas por el mundo «civilizado» al desarraigo y aislamiento. Es triste ver en lo que se han convertido estas tribus de indios nativos en Norteamérica. Guerreros bravos y orgullosos de su identidad, muchos de los cuales hoy son borrachos, jugadores entregados a cualquier vicio, mutilados en su esencia ancestral, que malviven vendiendo souvenirs de lo que fueron, como los últimos vestigios de su dignidad. La dignidad de un pueblo unido a una tierra que les fue robada y a un código de honor que les fue arrebatado. Ese es parte del triste legado de la civilización «moderna».

Finalmente la última de las características comunes de estas culturas en su proceso de homosocialización son:

Las ceremonias y los rituales religiosos. Los ritos religiosos hacen experimentar al iniciado su origen sagrado, su conexión con lo cósmico[11] y divino, aportando la energía necesaria para la siguiente etapa de la vida, como si de eslabones en la cadena de la madurez y el crecimiento se tratara. En mi anterior libro titulado *El culto cristiano* hago mención de esto:

Hay en la especie humana, una sed y hambre espiritual, que únicamente Dios puede satisfacer, pues el hombre, solo por el hecho de serlo, posee un deseo y anhelo de entregarse a algo más grande que él. En el corazón de todo ser humano hay inherente una expresión

---

[11] Cosmos en griego es «orden» por tanto lo cósmico nos conecta con Dios en el ámbito del orden de la creación dándonos un sentido de trascendencia sobrenatural. No hay nada esotérico o de Nueva Era en esto.

religiosa natural, donde hay tribus, comunidades o colectivos humanos de cualquier tipo, allí hay religiones y cultos para suplir cualquier necesidad. El hombre que no conoce al Dios verdadero y creador, lo sustituye deificando cualquier elemento de la creación; hablamos por tanto, de un instinto religioso común a la condición humana, pues como decía San Agustín: 'el hombre es incurablemente religioso'[12].

Esa necesidad de llenar un vacío interior, ese anhelo de trascendencia, que es legítimo en su planteamiento de base, ha sido utilizado por el enemigo para engañar el corazón del hombre. Por eso la historia de la humanidad y su desarrollo nacen ligados al fenómeno de las religiones paganas y animistas. El hecho misterioso de la muerte, lo trascendente, crea un terreno común que promueve todo tipo de rituales mágicos, encantamientos, hechizos, trances, etc. Es el mundo de lo oculto, pues la magia y las religiones, en toda cultura extra-bíblica, se constituyeron en las vías tradicionales de acceso al mundo de lo sobrenatural.

Es importante mencionar que casi todo lo dicho en este apartado, era contemplado desde el plano puramente cultural y antropológico. Mitos, tradiciones, filosofías, leyendas, relatos mito-poéticos, etc., vistos desde el plano espiritual, son equivocados y peligrosos[13] intentos de emular el verdadero relato y la verdadera leyenda hecha realidad: el relato bíblico que revela el auténtico origen y significado de todo lo creado. La Biblia no es un relato histórico sino prehistórico, no pretende explicar cómo se creó el mundo sino para qué se creó, no es un mito sino un anti-mito que desmitifica los relatos

---

[12] VARELA, Juan, *El culto cristiano*, CLIE, Barcelona, 2002, p.17.
[13] Entendemos que en muchas culturas ancestrales ese anhelo natural y legítimo de trascendencia es aprovechado por el propio Satanás para promover rituales de ocultismo y brujería.

politeístas de la creación en toda cultura extrabíblica. De forma que lo «oculto» es decir lo velado, se opone al «culto» es decir lo revelado.

Aun en el desarrollo de las civilizaciones apartadas de Dios pero viviendo en Su creación, la revelación natural ha marcado sus pautas divinas. A pesar de toda la confusión y mezcla de filosofías y religiones paganas, la imagen y semejanza con la que el ser humano fue creado, (imagen distorsionada pero no rota) unido a la revelación natural[14], siguen estando presentes. Cuando la cultura vive ligada al medio natural, que es el caso de las tribus y comunidades indígenas, todo ello, permite que se conserven pautas de homosocialización que pertenecen al orden natural y por lo tanto al orden de la creación y por lo tanto, al diseño divino y «sobrenatural». El problema es que en nuestra sociedad «desnaturalizada» hemos perdido esos mecanismos y pautas naturales. Si bien hay que dejar claro, que el ser humano por muy embrutecido y alejado que esté de Dios, sigue portando la imagen divina y tiene la posibilidad de volverse a Dios y reavivar la llama de su auténtica identidad.

3. Los ritos de transición en la cultura judía

En la cultura judía existían muchos ritos iniciáticos mediante los cuales la persona iba adquiriendo identidad, derechos y privilegios. En todo ese proceso moría el niño y nacía el hombre en distintos momentos de transformación significados por la ceremonia ritual. En primer lugar mencionamos el ritual de la circuncisión y posterior presentación en el Templo, mediante el cual el niño[15], pasaba a formar parte del pueblo

---

[14] Ro. 1:20 *Porque las cosas invisibles de él, su eterno poder y deidad, se hacen claramente visibles desde la creación del mundo, siendo entendidas por medio de las cosas hechas, de modo que no tienen excusa.*

[15] El bebé en realidad, pues la circuncisión se hacía a los 8 días de nacido.

judío y de los beneficios del pacto que Dios había hecho con Abraham. De esta forma el niño era introducido en el pueblo de Dios, Israel, y educado en su Ley. El siguiente rito de paso ocurría cuando el niño judío cumplía 12 años, pues a esa edad efectuaba su primera visita al Templo y a partir de ese momento adquiría su mayoría de edad siendo considerado hijo de la Ley. Esto se narra en Lucas 2 a partir del v.41. En el v.52 se dan unas claves normativas, referidas en primer lugar al propio Jesús, que nos dan pautas sobre cómo debe ser el crecimiento de todo joven entrando en el periodo de la adolescencia. Debe ser un crecimiento integral que abarque todas las áreas de la persona. Jesús crecía:

En sabiduría: *Crecimiento intelectual*

En estatura: *Crecimiento físico*

En gracia para con Dios: *Crecimiento espiritual*

En gracia para con los hombres: *Crecimiento social*

} **El crecimiento integral**

El final de ese periodo de mayoría de edad que comenzaba a los doce, terminaba alrededor de los 20 años que era la edad estipulada para que el hombre fuese contado como tal, a la hora de hacer los censos, pudiera participar por sí mismo en las ofrendas, y estuviera legitimado para acudir a la guerra, completando la madurez religiosa y la madurez social (con derechos y privilegios). Luego estarían las ceremonias de boda que consideraremos como un intermedio entre una ceremonia de solemnización del matrimonio y un ritual de transición del estado de soltería al de matrimonio.

CAPÍTULO 2

II. Ruptura en las etapas de afirmación masculina

1. Pérdida de los rituales de iniciación a la masculinidad

Este modelo de transición de niño a adulto se pierde en la cultura actual como consecuencia de todo un proceso de abandono de esos escalones naturales y espirituales de maduración e integración en las etapas de crecimiento. Lo que resulta, y seguimos enfatizando, es un modelo de hombre que en vez de crecer, y al haber sido privado de los resorte de maduración propios de los ritos iniciáticos de transición, se ha quedado en una adolescencia perpetua y en vez de brújula que marca un camino claro a seguir, corre el riesgo de ser veleta llevado por cualquier viento de moda cultural.

Muchos varones hoy luchan por crecer, madurar y llegar a alcanzar una respetable condición de hombres, pero nunca están seguros de cuándo cruzaron el puente dejando atrás el niño que fueron y convirtiéndose en hombres. Esto es debido a que el umbral se ha difuminado creando inseguridad al no existir un camino delimitado a seguir.

> *La crisis de la masculinidad madura se cierne sobre nosotros. La falta de modelos adecuados, de hombres maduros, y la carencia de cohesión social y de estructuras institucionales, para actualizar el proceso ritual, provocan una solución individual 'cada hombre por sí solo'.[1]*

En el opulento mundo occidental y «civilizado» en el que vivimos, tendríamos mucho que aprender de todos estos procesos que van definiendo la identidad esencial de un hombre. El problema cuando la hombría está conectada a características definidas por una cultura en continuo proceso de transformación y, por lo tanto características pasajeras, es que el más mínimo cambio en las costumbres y roles adscritos, origina cuando menos una gran desorientación, si no una profunda crisis de identidad. ¿Cómo se puede basar el sentido y el valor de la vida en tener, en poseer, en satisfacer las exigencias caprichosas de una sociedad consumista? La necesidad de un hombre no consiste en *poseer* sino en *dar*, no es *tener* sino *ser*.

La sociedad no ha entendido que los procesos naturales como el sacrificio, las etapas de transición, los valores éticos, los conceptos de autoridad, sujeción y las normas, son los ingredientes necesarios para forjar hombres y mujeres maduros, regidos por convicciones y creencias firmes. Los valores y el estilo de vida del hombre de hoy, están definidos por la filosofía hedonista, cual veleta dirigida por los vientos de la moda y la economía de mercado. Es nuestra triste realidad.

---

[1] MOORE, Robert. *La Nueva Masculinidad.* PAIDÓS, Buenos Aires, 1993, p.27

Por lo tanto, la definición de masculinidad u hombría necesita estar anclada en firmes e inamovibles cimientos, que perduren en el tiempo y sean alcanzables por cualquier hombre o mujer[2], independientemente del lugar o la cultura a la que pertenezca. Hablamos de principios creacionales y por tanto permanentes, no de principios culturales sujetos a cambios constantes. Por ello la esencia de la hombría, no es un asunto ni circunstancial ni cultural, es mucho más profundo, no es algo cultural sino creacional, y lo que nace en el contexto de la creación, antes de la cultura y el desarrollo de la historia, debiera ser normativo para todas las edades y tiempos.

Al no existir códigos éticos ni modelos de autoridad normativos, ni referentes en casi nada, lo que existe es una «tierra de nadie», marcada además por una falta de valores donde se priva al joven de los amortiguadores emocionales y de los procesos necesarios de maduración. Hemos roto la baraja de una ética normativa a nivel social que uniforme la visión sobre lo que implica ser hombre. Como mencionan Brett y Kate McKay: *La sociedad se ha vuelto tan estereotipada y fragmentada, que ya no hay ritos de paso reconocibles por la 'tribu' entera*[3].

Como sociedad civilizada y a la hora de modelar hombres auténticos, hoy sufrimos las carencias que constituyen las fortalezas de otras culturas menos tecnificadas y avanzadas tecnológicamente, pero mucho más sabias y humanizadas[4]. Esas carencias son:

---

[2] Pareciera que la mujer no necesita tanto de los ritos de iniciación, es como si su identidad femenina ya estuviera mucho más definida en los ciclos naturales de su desarrollo. La mujer madura primero que el hombre, tanto a nivel físico como psicológico. En principio no necesita un rito exterior de iniciación a la edad adulta, al menos no tanto como el hombre. Hay quienes afirman que la menstruación se constituye en el «rito biológico» que las separa de la niñez y las ingresa en la pubertad y adolescencia.

[3] Fuente: internet, http/:es.artofmanlines.com.

[4] Ellos lograron la homosocialización, nosotros la individuación...

— La falta de procesos rituales y códigos de honor normativos.

— La falta de ceremonias de paso[5] para solemnizar actos importantes.

— La falta de hombres sabios, como modelos sociales de integridad.

— La fusión de géneros que confunde y difumina lo que es ser hombre hoy día.

— La ausencia de un padre presente y la confusión de roles en el hogar.

Lo que nos hace falta hoy es interpretar para nuestro tiempo, lo que las culturas ancestrales han tenido siempre. De esos valores ancestrales solo quedan algunos vestigios que han perdido su sentido y fuerza permaneciendo como costumbre cultural: la primera comunión en los países de tradición católica, la fiesta de las quinceañeras en la cultura latinoamericana, la solemnización de actos como las bodas, graduaciones, etc. Por desgracia cuando el ritual pierde su sentido, se pervierte en algo «ritualista», es decir hueco y vacío, aprovechado casi en su totalidad por la cultura consumista.

2. Los mitos a erradicar desde el cristianismo histórico

El cristianismo histórico ha dado una imagen distorsionada de lo que implica ser hombre. A lo largo de los siglos y debido a una incorporación de tradiciones, filosofías, normas y leyes, la pureza de la Palabra quedó adulterada. Ello dio como resultado, entre otros, una mala interpretación de lo que es ser hombre. Falsa interpretación basada en una tergiversación de

---

[5] A no ser para solemnizar y transicionar por ceremonias de índole satánico o sectarismo pseudoreligioso, racial o político.

dos de los grandes ingredientes de la antropología *bíblica* en los que basamos el carácter del creyente como varón: La bravura del AT mostrada por la faceta de un Dios «Jehová de los ejércitos fuerte y temible» y la ternura del NT encarnada por la figura de Jesús cercana y relacional.

Desde el AT y sus ingredientes de «dureza y Ley» se ha construido equivocadamente una imagen del hombre basada en un liderazgo con tintes autoritarios, donde el «ordeno y mando» promovía un modelo desconectado del plano afectivo, más basado en el temor que en el amor, y que lo que finalmente producía en las esposas e hijos, era mujeres sin voluntad propia, sometidas al autoritarismo del varón, e hijos víctimas de un modelo que reproducían luego en sus propias familias, perpetuando así un falso concepto de lo que implicaba ser hombre. Lo que eso produjo en las familias, subyugadas a tal modelo claramente antibíblico[6], fue el germen de la indignación que posteriormente llevaría a las mujeres al feminismo radical y a la negación de la estructura familiar «tradicional», al asociarla históricamente con la dominación del macho.

Desde el NT y sus ingredientes de «ternura y gracia» se ha fabricado la imagen, desde una concepción excesivamente pietista y bondadosa, de que ser un hombre «santo» implicaba ser sumiso, obediente, sufrido y hasta resignado. El dualismo platónico[7] después refrendado por San Agustín acabó de fijar en la teología de su época el concepto de que la espiritualidad en el ser humano, se reducía a lo que tiene que ver con el alma, lo sublime y divino, alejado del mundo y la carne. Lo humano, lo material, todo lo que tuviera que ver con «los apetitos de la carne» debía ser mortificado con todo tipo de privaciones y sacrificios (ayunos, flagelos, votos de castidad, de pobreza,

---

[6] Aunque su pretensión fuera seguir la Biblia en sus normas.

[7] Doctrina promovida por el filósofo Platón que separaba al hombre en cuerpo y alma como conceptos antagónicos.

etc.), y todo lo que tuviera que ver con el placer y el cuidado del cuerpo, era, cuando menos, considerado con cierto grado de sospecha, si no como algo abiertamente mundano y satánico. Aún en el contexto neotestamentario, la imagen de Jesús sobre el carácter de un hombre cristiano, también se ha malinterpretado, promoviendo la falsa idea de que un cristiano tiene que «poner la otra mejilla» y en base a una interpretación «piadosa» de las bienaventuranzas, tener un carácter apocado y manso.

Nada más lejos de la realidad. La esencia de lo que es ser un hombre tiene que ver con una equilibrada fusión de ambos conceptos. Tiene que ver con fuerza pero con control, con bravura pero también con ternura. En este sentido las bienaventuranzas se han pintado de un barniz religioso-ascético marcado por ese espíritu de privación y necesidad que mencionamos, donde parecía que ser pobre, vivir con lo mínimo, era signo de consagración, y por tanto la riqueza, y la opulencia era mirada con cierto recelo. De forma que todos los prejuicios históricos mencionados, alentaron un falso concepto de piedad como el dejarse avasallar por los demás, una pésima interpretación del concepto de «poner la otra mejilla» como resignación y paciencia, y una peor lectura del término «mansedumbre» como alguien con un carácter apocado y pusilánime.

Aquí hacemos un alto para explicar el correcto significado de la palabra «mansedumbre». Bajo una falsa interpretación del término podemos asociarlo a alguien con un carácter débil y poco decidido. Sin embargo la única vez que Jesús dice: *aprended de mí*, es justamente para decir: *aprended de mí que soy manso y humilde de corazón*. También de Moisés, la Palabra dice que «no había otro tan manso como él en la tierra». La palabra mansedumbre hace referencia a una persona que tiene bajo control sus instintos e impulsos, alguien que no tiene un carácter violento, pero tampoco pasivo, alguien equilibrado, alguien que mantiene bajo control sus instintos y emociones. Es decir, alguien dueño de sí mismo, con dominio propio.

El pecado desvió el curso natural de las aguas de la masculinidad, y aunque también lo hizo en la feminidad, en el hombre adquiere mayor trascendencia por la responsabilidad de ser cabeza y guía de su familia, por la responsabilidad de modelar en su esposa y en sus hijos, una adecuada imagen en el concepto de lo que implica ser hombre. Ya se ha mencionado como la línea depravada de Caín comenzó a marcar un camino de independencia y lejanía de Dios. Pero lo que nos interesa resaltar en este punto es que aun desde el cristianismo, la errada interpretación bíblica sobre el papel del hombre en la historia y hasta nuestros días, siguió poniendo piedras que continuaron desviando la corriente de la masculinidad por cauces equivocados:

Con Caín y sus descendientes se desvirtuó el diseño divino de liderazgo, convirtiéndolo en independencia y lejanía de Dios. El mencionado concepto de «llanero solitario» donde el hombre desde la «tierra del errante»[8] comenzó a forjar su propio destino al margen del plan divino.

Con la equivocada interpretación bíblica que se dio desde amplios sectores del cristianismo, se favoreció un modelo de hombre, que confundió «bravura» con autoritarismo y «ternura» con servilismo.

Con la ausencia de rituales de iniciación se provocó falta de crecimiento y sano desarrollo en las distintas etapas de niño a hombre, dificultando la emancipación del hombre y favoreciendo en muchos casos patrones de adolescencia perpetua e inmadurez.

De forma que cuando un joven llegaba a la alacena de la masculinidad, ¿qué ingredientes encontraba? Independencia, lejanía de Dios, autonomía, el hombre quiere mandar pero no

---

[8] Caín fue expulsado a la tierra de Nod (tierra del errante).

se implica, es decir machismo y pasividad. Estos ingredientes sumados a la ausencia de rituales de iniciación, reforzaron así estados continuos de niño/adolescente. De hecho todos los aspectos teológicos, antropológicos y culturales mencionados hasta el presente, han ido despojando al hombre de los procesos naturales de maduración, dando lugar a los distintos modelos inmaduros de hombría que hemos fabricado y que a continuación veremos.

3. Tipología del hombre actual

Ya queda claro, que más que una evolución del hombre, tenemos que hablar de una involución. Por un lado se han perdido los pasos de iniciación a la madurez masculina, y por otro lado se han asumido los tristes paradigmas de la cultura postmoderna, donde el modelo de lo que implica ser hombre queda limitado y esclavizado a las imposiciones de la moda y la filosofía de la vanidad y la banalidad propias de nuestra sociedad. Debido a la crisis de identidad los hombres tienen que asignar su imagen a una categoría establecida por algo o por alguien. Los antiguos conceptos sobre lo que implica ser hombre, o ya no existen, o han cambiado radicalmente debido a los medios de comunicación, la tecnología, el pensamiento ultramoderno y la enorme cantidad de información «sin formación» que desorienta y promueve mentalidades alienadas y caprichosas. Cuando esa imagen se nutre de los ingredientes de la «alacena de la masculinidad» mencionados en el punto anterior, lo que resulta son distintos estereotipos de hombre, a cual más decadente, producto de nuestra sociedad tan «civilizada». Presentamos seis modelos del hombre actual:

El hombre Simpson. Es el tipo de hombre menospreciado pero también alentado por los colectivos feministas y que se promueve en series televisivas[9], dibujos animados y películas. Este modelo ridiculiza el papel de hombre y lo reduce a un ser infantil e inmaduro, que funciona a golpe de deseo, vive en una adolescencia perpetua y tiene que ser cuidado y reprendido por su esposa/madre y por sus hijos/padre. Su vida de ciudadano de clase media se limita a un trabajo mediocre, beber cerveza con sus amigos y ver la televisión desocupando la atención a su esposa e hijos. Sus características principales son: ser grosero y superficial, vago, inútil, bebedor, incompetente, perezoso, intolerante, egoísta y glotón. Este «modelo» de hombre es un insulto a la dignidad del varón[10], y aunque hay que reconocer que hay hombres con esas tristes características, lo que se oferta desde los mass media, nunca debería ir destinado a perpetuar esos estereotipos. El Salmo 73 lo describe muy bien: *La soberbia los corona.., los ojos se les saltan de gordura, logran con creces los antojos de su corazón.., hablan con altanería y su lengua pasea la tierra.*

El metrosexual. Surge en los 90[11] como la nueva imagen del hombre del siglo XXI. El metrosexual está en una lucha continua para que su imagen no se aparte de los baremos impuestos por los medios de comunicación y la moda. El resultado es un tipo de masculinidad basada en rasgos que históricamente eran femeninos. De hecho el metrosexual huye de los rasgos típicos que han definido al hombre hasta la década de los 70/80 (pelo en el pecho, poblada barba, cigarrillo y alcohol como paradigmas de masculinidad). Al huir de este estereotipo de macho ibérico, el metrosexual se feminiza cuidando su imagen hasta el extremo con cremas exfoliantes, lifting, depilación integral, ropa de diseño y

---

[9] Como la propia serie de la que tomamos el nombre: «Los Simpson».
[10] Aunque todos los modelos presentados son decadentes, este se lleva «la palma» por su alto grado de estupidez.
[11] Curiosamente es un término inventado por un inglés de apellido Simpson.

perfumes de alto nivel. Para contribuir más a la confusión de género es polisexual, es decir puede ser heterosexual, homosexual, o bisexual.

El hombre light. El psicólogo Enrique Rojas dedica todo un libro a exponer las características del hombre ligth producto de nuestra sociedad. Es un tipo de hombre que ha perdido todos los valores, ideales y fe en el futuro. Vive dominado por los medios de comunicación y el consumismo, basando su felicidad en la cultura del bienestar y el confort. Se trata de un ser sin fuerza interior, descafeinado y superficial, vacío de ideas y de creatividad, y por tanto profundamente egoísta dado que solo piensa en satisfacerse a sí mismo. En las propias palabras de Enrique Rojas:

Se trata de un hombre relativamente bien informado, pero con escasa educación humana, muy entregado al pragmatismo, por una parte, y a bastantes tópicos, por otra. Todo le interesa, pero a nivel superficial; no es capaz de hacer la síntesis de aquello que percibe, y, en consecuencia, se ha ido convirtiendo en un sujeto trivial, ligero, frívolo, que lo acepta todo, pero que carece de unos criterios sólidos en su conducta... Ha visto tantos cambios, tan rápidos y en un tiempo tan corto, que empieza a no saber a qué atenerse o, lo que es lo mismo, hace suyas las afirmaciones como 'Todo vale', 'Qué más da' o 'Las cosas han cambiado'[12].

El hombre narciso. Este es el tipo de hombre que se cree el centro del mundo, nihilista, superegoista e instintivo. Se cree que sabe mucho y está convencido de que cuando él habla, sube el precio del pan. Asume el refrán popular de «tanto tienes, tanto vales», midiendo el éxito personal por sus posesiones, tenga o no tenga, y viviendo a golpe de impulso. Se cree libre pero solo es un producto más, esclavizado a las imposiciones

---

[12] ROJAS, Enrique. *El hombre light*. TEMAS DE HOY S.A., Madrid, 1992, p.15

de la moda y la cultura. Es pura fachada, no es roca, ni siquiera piedra, solo cartón mojado.

El hombre robot. Este solo imita, no produce, solo reproduce, no es generativo y por tanto está castrado en su fuerza vital. Es un ser pasivo que no crea nada, no quiere comportamientos originales ni asumir ningún tipo de riesgo, solo es un eslabón más en la cadena de la pasividad. Anónimo, conformado, alienado y atrapado en la esclavitud del sistema. Su vida transcurre sin pena ni gloria, en el fondo de su ser se sabe un fracasado y ya no tiene fuerzas para luchar. Son los zombies de la ultramodernidad que se van muriendo poco a poco en una triste y conformada complacencia. De él dice Proverbios 6:11: *Un poco de sueño, un poco de dormitar, y cruzar por un poco las manos para resposo; así vendrá tu necesidad como caminante y tu pobreza como hombre armado.*

Hay muchos otros modelos de hombres, esto es solo una pequeña muestra de la triste oferta social. Todos ellos son auténticos abortos, feas caricaturas del verdadero hombre creado a la imagen y semejanza de Dios. Hombres decadentes y acomodaticios, privados de voluntad y fuerza propia, producidos por una sociedad podrida y dirigida por la mano negra del propio Satanás, que empañando la imagen de Dios y la dignidad del ser humano, reducen al hombre a la más absoluta esclavitud. Ya lo decía el mal logrado Nietzsche cuando se refería al «hombre-masa»: *Es un tipo admirablemente preparado para la esclavitud.*

Por eso muchos hombres, y sobre todo mujeres, que viven del mundo de la imagen y el espectáculo, inmersos en una ficción de cartón piedra, no saben transitar por el proceso del envejecimiento, y como adolescentes inmaduros, con 60 años tratan de recuperar una juventud que se les escapó de las manos, a golpe de cirugía, estiramientos y botox, convirtiéndose en burdas caricaturas de lo que deberían ser. No se dan cuenta de que la vejez no es un estado de deterioro y degradación, sino una condición de nobleza, sabiduría y experiencia.

Querido lector, ¿quieres perpetuar alguno de esos «modelos» para el resto de tus días? ¿Queremos eso para nuestros hijos? ¿Es ese el lega do que vamos a dejar a nuestr a partida? ¿Queremos seguir r egalando argumentos al f eminismo radical? Por supuesto que no.

Estamos acostumbrados, mi esposa y y o, a r ecibir en consejería a parejas cuyo principal problema es que el ho mbre no asume sus responsabilidades. Adolescentes perpetuos, hombres pasivos. Nos rebelamos a seguir co nsintiendo que el papel del hombre caiga tan bajo. Nos rebelamos, como dice la propia Palabra en Hebreos 12:12, a seguir produciendo hombres con las «manos caídas y las rodillas paralizadas», que se mueven como marionetas manipuladas por los hilos de la ultramodernidad.

CAPÍTULO 3

III. La diferenciación de género: *El hombre fusionado*

Sin duda que todo responde a un plan bien detallado para ir convirtiendo al hombre en un ser alienado y despojarle de su autoridad como líder y cabeza del hogar. En el apartado anterior hemos visto como se ha privado al hombre de sus espacios rituales de transición hacia la madurez, junto con los patéticos resultados sobre los distintos tipos de hombre que en nuestra sociedad esto ha generado. Desde el feminismo radical y el lobby gay se pretende dar otra vuelta de tuerca al ya maltrecho género masculino, diluyendo más su identidad en una fusión donde todo es relativo. Ahora abordamos el asunto de la identidad definiendo sexo y género, y defendiendo que el género masculino y femenino, y no otros, son las marcas distintivas de nacimiento en todo ser humano. Defendiendo también que el asunto del género no responde a una construcción social ni a roles adscritos por la cultura. El género, al igual que otros aspectos del ser humano y el matrimonio ya mencionados, es un asunto creacional y no cultural y está blindado desde el principio como marca original del diseño divino.

1. Definiendo sexo y género

En nuestra sociedad existe un amplio margen de libertad en la forma en que cada persona orienta y define su sexualidad, máxime cuando esta viene desprovista de un código ético que la regule. En realidad la definición de sexo debería reducirse a la condición diferencial con la que nace el ser humano.

No debería ser más complicado que eso, sin embargo y debido a toda la alteración que sobre este tema se ha dado en nuestra sociedad, cuando hoy día hablamos de sexo, tenemos que diferenciar tres aspectos previos: sexo biológico, sexo cultural y sexo psicológico.

El sexo biológico: Es el sexo asignado a una persona en el momento del nacimiento. Designa la corporeidad de una persona, es decir su aspecto físico diferenciado como varón o hembra. Por tanto constituye «lo dado», aquello que no podemos elegir. Es decir, se nace con sexo varón o hembra, no hay más opciones y así fuimos creados por Dios.[1] Es por ello que defendemos, entre otros argumentos, que la conducta homosexual, no tiene base biológica alguna y que viene determinada por otros factores como la educación, los estereotipos, sucesos de erotización traumática, la elección del propio comportamiento y la cultura en general.

El sexo cultural: Tiene que ver con cómo es percibida la persona por su entorno y por el resto de la sociedad y señala la actuación específica de hombre o mujer. En general el sexo cultural responde a procesos históricos y condicionamientos de la

---

[1] «Varón y hembra los creó» Gn.1:27.

propia cultura, refiriéndose a las funciones, roles y estereotipos que en cada sociedad se asignan como norma, al hombre y a la mujer. Si el sexo biológico es *lo heredado* por naturaleza, el sexo cultural es *lo influenciado* por el medio.

El sexo psicológico: Se refiere a la propia percepción psicológica de una persona como hombre o mujer. Consiste en la conciencia personal que el individuo tiene, de pertenecer a un determinado sexo. Esta conciencia se forma, en un primer momento, alrededor de los 2–3 años por el principio de diferenciación con el sexo opuesto y coincide en el 98% de los casos, con el sexo biológico[2]. El sexo psicológico, que como decimos no debería de diferir del biológico, difiere porque es influenciado hondamente por el sexo cultural, es decir por el ambiente en el que la persona vive: su familia origen, la educación recibida, la moral establecida, propias experiencias, etc. El sexo psicológico constituye *lo decidido* por la persona.

Resumimos lo dicho hasta ahora en el siguiente esquema:

Sexo biológico:

Cromosómico
Gonadal
Endocrino
Genital

} **HEREDADO por naturaleza**

Sexo cultural:

Historia, experiencia
Educación, costumbres
Roles asignados

} **INFLUENCIADO por el medio**

---

[2] A no ser que haya alguna disfuncionalidad o patología en el individuo: afectación por traumas, educación, ambiente...

Sexo psicológico:

Integración personal de valores
Moral, percepción
Autoimagen personal

} **DECIDIDO**
por la persona

Una equilibrada identidad sexual se forma al asumir la unicidad del sexo biológico y el psicológico, y no dejarse influenciar por la cultura en otros caminos que pretendan separar ambos conceptos.

Definiendo género: Por otro lado cuando hablamos de género, hacemos referencia al género masculino y al género femenino exclusivamente. Sexo y género son términos que van inseparablemente unidos y constituyen la identidad sexual natural de una persona. No estamos de acuerdo con la ideología de género que defiende que el «género» es una construcción social y por tanto no se hereda biológicamente sino que se decide culturalmente en una elección en la que entrarían posicionamientos éticos, morales y/o religioso filosóficos. Es decir que para ellos sea cual sea su sexo, el hombre podría elegir su género. Grave error.

Otro aspecto a mencionar son los roles de género que son los papeles asignados por la cultura a cada género. Los roles de género comienzan desde el momento de nacer y «encasillan» a cada género en un molde preconcebido. Por ejemplo cuando nace un niño la tendencia habitual es ponerle la ropa de color azul, si es niña la ropa es de color rosa. Al niño para jugar se le suele dar un balón, una pistola o un coche (juguetes relacionados con acción, competencia etc.). Sin embargo a la niña se le dan muñecas, cocinas, o cochecitos de bebé, es decir, juguetes asociados a relaciones, comunicación, amistad. Suelen ser roles impuestos por la cultura pero que normalmente responden a las características naturales de cada género, aunque puedan variar y de hecho varían en el desarrollo cultural.

Nuestro posicionamiento parte de la base de que el género va unido al sexo, es decir que el sexo (varón o hembra) con el que nacemos, determina nuestro género (masculino, femenino). Esto es justificable para nosotros desde el punto de vista biológico, pero sobre todo desde el punto de vista teológico. Este es el orden natural con el que Dios nos formó y creó en el principio, a su propia imagen y semejanza: *Y creó Dios al hombre a su imagen, a imagen de Dios lo creó; varón y hembra los creó*[3].

A modo de conclusión, y cuando hablamos de *diferencias de género* nos referimos exclusivamente a las que se dan en los dos únicos géneros con los que podemos nacer: masculino y femenino. La naturaleza no se equivoca en su diseño inteligente pues la cuestión del género es un asunto inherente y propio de la condición humana *per se* y no de la cultura. Dios nos creó hombre y mujer y esa es la única distinción de género que podemos admitir: masculino y femenino. Esto no es forzado, es natural, y como ley natural solo podemos reconocer al ser humano en su género y sexo como hombre y mujer. Es por ello que no estamos de acuerdo con otras opciones de vivir la sexualidad que incluyan homosexualidad, bisexualidad, transexualidad, etc.

Las cosas en el orden natural funcionan de una manera predeterminada, y no deberíamos tener la pretensión ni la osadía de cambiar la realidad. Lo natural es que una máquina cortacésped se utilice para cortar el césped, si la utilizamos para transportarnos de un lugar a otro, quizás lo podamos hacer, pero será lo anormal. Nuestra biología es nuestro destino, y si como afirma Nicolosi *la normalidad es aquello que funciona de acuerdo a su diseño*, entonces el orden natural en cuestiones

---

[3] Gn.1:27.

de género, nos demanda cumplir nuestro destino como varón o hembra, masculino o femenino, pues así fuimos diseñados por Dios. Esto es lo que creemos y defendemos. Sigamos adelante con las diferencias de género.

2. Diferenciación y complementariedad en la Palabra

En esa pretendida igualdad de género que promulgan distintos colectivos sociales, y que permite la fusión y la confusión de géneros, debemos hacer una matización importante. La *diferencia* de género no es lo mismo que la *desigualdad* de género. La diferencia implica que, por razones diversas, los integrantes del género masculino tienen cualidades esencialmente distintas que las del género femenino, que deben ser entendidas siempre en un plano de igualdad. Por ello, de esto no cabe deducir un principio de superioridad del uno sobre el otro. La igualdad de género, como ya hemos comentado, es una reivindicación social que está muy de moda en la sociedad actual. Es cierto que históricamente la mujer ha estado sometida al hombre y privada de los mismos derechos, pero eso no quiere decir, que fuera del ámbito laboral y social donde sí se debe buscar la igualdad, los hombres y mujeres debamos de ser iguales en cuanto a cosmovisión, percepción, enfoque de la vida, o sentimientos, porque entre otras cosas, y de hecho, ¡somos diametralmente opuestos!

Dice la Palabra en Gn.1 que en el principio la tierra estaba «desordenada y vacía»[4], y a partir de esa realidad Dios comienza el acto creador. Del *caos* Dios crea el *cosmos*, es decir el orden en todo lo creado. En ese orden inicial está el principio de la

---

[4] *Caos* es el término griego para designar «desorden» mientras que *cosmos* es el término griego para designar «orden».

diferenciación que implica que cada cosa se define y caracteriza por el contraste que se da en todas las esferas del orden natural. El mundo se ordena mediante sucesivas separaciones de los elementos.

Esa diferenciación inicial que en principio fue para distinguir lo «malo de lo bueno» (caos, cosmos) se aplica ahora para dar unicidad y carácter distintivo a todo lo creado. Por tanto la creación en su evolución armónica sigue el orden de la diferenciación, pues para cada elemento hay un contrario que lo define, contrasta y complementa (cielo-tierra, sol-luna, mañana-tarde, día-noche, frío-calor, hombre-mujer). Por ello defendemos que en el principio de la diferenciación está la identidad del objeto/sujeto y la complementariedad del mismo respecto a otro, así como que hay unas leyes naturales que forman parte del orden de la creación. Se trata de nuevo, de la idea de un «tú» que me contraste y me haga consciente de mi «yo». Solo podemos ser nosotros mismos en toda la plenitud de la palabra, mientras exista un contrario con el que compararnos, diferenciarnos, pero también complementarnos, como veremos en el punto siguiente.

Finalizamos este apartado citando al Dr. Maldonado quien escribe sobre la diferenciación de género, en base a las Escrituras:

El texto hace referencia a la pluralidad divina: 'Hagamos al hombre a nuestra imagen, conforme a nuestra semejanza' (Gen.1:26). Aunque algunos estudiosos señalan que el uso del plural en el texto es más bien una pluralidad de majestad propio de la época y de las cortes, la doctrina de la Trinidad –extraída del resto de la Escritura– nos permite pensar que la comunidad divina, la familia celestial: Padre, Hijo y Espíritu Santo, se usa a sí misma como modelo en dicha tarea. 'Si la imago Dei' es la proyección de la comunidad divina en la comunidad humana, entonces podemos apreciar el hecho de que varón y hembra son iguales y al mismo tiempo diferentes. Esta igualdad y a la vez diferencia es lo que les permite al hombre y a la mujer una relación sin fusión, intimidad sin pérdida de identidad, acercamiento pero a su vez derecho al espacio psicosocial y espiritual necesario para crecer[5].

El principio de la complementariedad. Hay una diversidad natural entre los sexos que tiene como fin el principio de la complementariedad. Hombres y mujeres debemos ser distintos para así poder ser complementarios. El principio de la complementariedad se basa en el principio de la diferenciación ya mencionado, un hombre tímido tenderá a buscar a una mujer extrovertida, opuesta en carácter, pues lo que le falta a él será suplido por ella y viceversa. Es como un puzle, donde las piezas son distintas, pero solo desde esa característica diferencial pueden juntarse para formar una sola pieza. A esto Paul Tournier lo denomina «mecanismos de compensación». Cada uno busca en el otro lo que no posee, si eres tímido tu tendencia natural será buscar a alguien extrovertido, si eres autoritario tu tendencia natural será compensar buscando a alguien más sumiso y condescendiente.

Todos estos aspectos de la distinción de género, su diferenciación y su carácter complementario, se vivencian en su plenitud, desde la perspectiva del matrimonio heterosexual, pues es ahí donde hombre y mujer se complementan en su máxima expresión y dimensión, dejando de ser «yo y tú» para pasar a ser «nosotros». Aquí está implícito el principio de «serán una sola carne» que traspasando su primera acepción de sexualidad biológica, aspira a que dos seres diferenciados sexualmente, lleguen a ser UNO por ese principio de la complementariedad.

---

[5] Apuntes cedidos por el Dr. Jorge Maldonado para el Instituto de Formación Familiar INFFA.

3. Ser hombre: *Tu identidad Sí importa*

El tema de la identidad es algo clave en la historia del ser humano y en la teología. La identidad es «el todo» de la persona, pues responde a su pasado, presente y futuro. Cuando el hombre y la mujer pecan en Génesis 3 se produce una pérdida de su identidad. Bajo la cobertura y obediencia a Dios, todo estaba claro y el hombre era *habitante* en el Edén. Bajo el pecado y expulsado del huerto santo, el hombre se convierte en *errante* y pasará toda su vida en una búsqueda incesante de su identidad pérdida. Pues cuando uno no tiene claro quién es, tampoco tiene claro «para qué es», ignorando el propósito de su vida y perdiendo el motor y la fuerza de quien tiene un objetivo definido que cumplir. Satanás tienta a Jesús tanto al principio de su ministerio como al final del mismo, justamente en este aspecto, es decir poniendo en duda su identidad. En las tres tentaciones comienza de la misma forma: *Si eres Hijo de Dios...* Al final, en la muerte de Jesús continúa el mismo ataque a su identidad: *Si eres Hijo de Dios desciende de la cruz* (Mt.27:40). Satanás ataca la identidad de Jesús, para anular su propósito de morir por la humanidad. Hoy en día se sucede la misma estrategia, todo se difumina y mezcla en una confusión de identidades sin precedentes, que tiene como objetivo final desviar al hombre de su propósito principal: conocer a Dios. Vamos con la siguiente historia:

A finales del siglo pasado en Berlín todos los parques cerraban a la misma hora con rigor germánico. Al anochecer de un hermoso día de agosto, el guardián iba a cerrar la última puerta del 'Tiergarten' cuando se fijó en una sombra sospechosa. ¿Qué podría ser? Acercándose se dio cuenta de que era un hombre de mediana edad, 'quizás sea un vagabundo que espera el cierre del parque para dormir aquí, lo cual está prohibido', pensó el celoso guardián mientras se acercaba malhumorado. - Eh, oiga... ¿Qué hace usted aquí?. Profunda-

*mente absorto en sus pensamientos el presunto vagabundo tardó
en reaccionar, por lo que alzando la voz, el guardián le volvió a
preguntar: ¿QUIÉN ES USTED? ¿QUÉ HACE AQUÍ? ¿DE
DÓNDE VIENE Y A DÓNDE VA?*[6]

Resulta que aquel hombre era nada menos que el gran filósofo Federico Nietzsche autor de libros como *El Anticristo*
y de la teoría del superhombre. Absorto en sus pensamientos
no se había dado cuenta del cierre del parque, y mirando con
pesar al guardián le respondió: *Hace más de treinta años que
me hago estas mismas preguntas, y hasta ahora, nadie ha podido
darme una respuesta que me satisfaga. ¿Podría usted hacerlo?
Boquiabierto el guardián tampoco supo como contestar a esas
cuatro preguntas.*

Trascendiendo la cuestión existencial, compartimos que la
crisis de identidad abarca a todos por igual y todo hombre y
mujer tiene que resolver estas grandes preguntas de la vida.
Sin embargo en lo que atañe a la identidad de género, y en el
caso que nos ocupa, el del varón, la construcción de su identidad es algo más complicada que la femenina, el hombre ha de
recorrer un camino más largo. Al respecto la escritora Camille
Paglia comenta:

*Una mujer ya es, pero un hombre aun debe llegar a ser. La mas-
culinidad es algo arriesgado e inasible. Se consigue mediante la
separación de una mujer, la madre, y solo se confirma mediante
otros hombres*[7].

A pesar de tratarse de una activista gay, tiene razón en que
para la formación de la identidad masculina hay que cumplir
un proceso que en la mujer no se da. Se trata de la desidentifi-

---

[6] Adaptado de internet.
[7] Citado por NICOLOSI, Joseph. *Cómo prevenir la homosexualidad*, op. cit., p.28.

cación de género, en una primera fase su madre, para la identificación de género, en una segunda fase su padre. Para la mujer es menos complicado pues en un sentido la feminidad es algo que hay que asumir pero la masculinidad es algo que hay que *conseguir*. Hablaremos de ello más exhaustivamente en el siguiente apartado.

CAPÍTULO 4

IV. La confusión de género: *El hombre desorientado*

1. Génesis de la homosexualidad

Hasta ahora hemos visto como el hombre ha ido sufriendo una serie de pérdidas que partiendo de Gn.3, con el germen de la pasividad y la rebeldía a Dios, se fueron desarrollando con el devenir de las culturas y civilizaciones. La pérdida de los rituales de iniciación a la verdadera hombría y a la auténtica masculinidad, junto con la confusión de género y la redefinición de roles sociales, se constituyen en sumandos que van debilitando los cimientos de una masculinidad que cada vez va sintiéndose más desorientada y confusa. Es a partir de esa confusión y fusión de géneros, que llegamos a la conducta desviada, de la identidad homosexual.

Vaya por delante que aquí no pretendemos abordar el complicado tema de la homosexualidad, (ni aún dedicando toda la extensión de este libro lo podríamos hacer con rigor) solo esbozamos causas principales, factores de riesgo y etapas en un proceso de recuperación posible. Es un «botiquín de urgencia», con el fin de concienciarnos sobre la realidad de que en la crisis de la masculinidad y en nuestra identidad como varones, la homosexualidad es un virus que tenemos que saber identificar. Dicho lo cual, vamos adelante.

¿El homosexual nace o se hace? Las dos tendencias en pugna en el debate sobre la etiología de la homosexualidad, corresponden en sus extremos, por un lado, a los colectivos homosexuales que defienden que el homosexual «nace», y por otro, a los colectivos con una ética basada en valores cristianos conservadores[8], que defiende que el homosexual «se hace». Entre esos dos polos opuestos se mueven otro tipo de personas que defienden por intereses diversos, una u otra postura, con distintos matices. Es decir, los que creen que la homosexualidad se hereda genéticamente, el famoso gen homosexual, y los que defienden que se aprende por la confabulación de factores culturales. Nos referimos a los «genetistas» y a los «ambientalistas». En realidad sería pecar de simplista defender a ultranza una u otra postura, reduciendo el problema a esos dos argumentos opuestos. El asunto es bastante más complicado. Al respecto Richard Cohen, comenta:

> *Como cualquier otro estado complejo, mental y de conducta, la homosexualidad tiene muchos factores. Ni es exclusivamente biológica ni es exclusivamente psicológica, sino que resulta de una combinación difícil de cuantificar por ahora de factores genéticos, influencias intrauterinas (algunas innatas a la madre y por tanto presentes en cada embarazo, otras circunstanciales en un embarazo determinado), ambiente postnatal (tales como comportamientos de los padres, de los hermanos o culturales) y una compleja serie*

---

[8] Aunque ya exista y se defienda una supuesta teología gay.

de elecciones repetidamente reforzadas, sucedidas en fases críticas del desarrollo⁹.

Por tanto en la asunción de una identidad homosexual se da la confabulación de toda una serie de factores a lo largo de las etapas de desarrollo. Cuando Cohen señala que no se trata de factores «exclusivamente biológicos» abre la puerta a la posibilidad de que los haya, y ciertamente se dan, pero por sí solos son un muy débil argumento, y nunca podrían constituirse en la génesis de la homosexualidad. Además aquí hay otro dato importante, pues el propio Cohen señala que una conducta sexual repetida, reforzada y unida a las condiciones ambientales y culturales, puede cambiar con el tiempo, la estructura cerebral y la química corporal, y que por lo tanto dichos factores, no serían *la causa* de la conducta sino su *consecuencia*.

De forma que la homosexualidad no es una condición con la que se nace, sino un largo camino que comienza en la infancia con un vacío de género (hablaremos de ello) y que a través de múltiples factores desemboca en la asunción de una identidad homosexual. Muchos autores defienden que uno de los factores principales son una serie de carencias afectivas hacia el progenitor del mismo sexo, que puede venir motivada por una figura materna excesivamente presente,[10] por deficiencia emocional de la figura paterna (debido a ausencia física o pasividad emocional), o por claro rechazo afectivo del padre. Y es que en el asunto que nos ocupa, la presencia del padre es clave, pues como alguien dijo: *el padre es el destino.*

De lo dicho se deriva que la homosexualidad no es una cuestión de simple atracción sexual. Esto viene avalado por el

---

[9] COHEN, Richard. *Comprender y sanar la homosexualidad.* LIBROSLIBRES, Madrid, 2004, p.58

[10] A lo que contribuye el «tanque emocional» femenino mucho más grande que el del varón, y el hecho de que muchas madres desplazan hacia sus hijos sus propias necesidades afectivas no satisfechas por sus maridos.

hecho de que los sentimientos e inclinaciones desviadas hacia el propio sexo, se producen en las primeras etapas de la niñez, por tanto en un periodo todavía a-sexual. Aunque es bien cierto, que luego esa carencia afectiva, si se sigue fortaleciendo con otros factores, se erotiza llegada la pubertad y adolescencia, eclipsando esos otros factores y pareciendo exclusivamente una cuestión de atracción sexual.

Por tanto la homosexualidad, en origen, no es una atracción sexual hacia el mismo género, eso es solo el síntoma. La causa real es la carencia afectiva en muchos casos con la figura paterna, que si se sigue agrandando, debido a otros muchos factores que ahora veremos, puede iniciar el proceso de un «prehomosexual» a un homosexual declarado. El gran problema en todo esto es que para ser padre primero hay que ser hombre, y en la actual crisis de la masculinidad, la figura del hombre está muy devaluada y desdibujada. De forma que la homosexualidad comienza, como una de sus causas principales, con un desorden de afecto hacia las personas del mismo sexo, que evidentemente en la etapa primera de un niño, es su padre. De ahí que no nos cansaremos de repetir la tremenda importancia del papel del hombre como padre y su responsabilidad de modelar una masculinidad adecuada.

El problema es real y complejo, nos tiene que volver muy conscientes de la importancia de que en nuestras iglesias y entornos de influencia, estemos preparados para afrontar la realidad del fenómeno homosexual. Tenemos que saber detectar los síntomas antes de que sea demasiado tarde, pues a la moda actual de la vida y cultura gay, se une el ataque de Satanás, quien tiene en la homosexualidad un arma poderosa para robar la identidad de los hijos de Dios, y romper el primer pilar de toda familia en sus dos vertientes troncales: esposo y padre.

2. Factores que contribuyen a la confusión de género

Venimos diciendo que en el complicado proceso del desarrollo hacia la homosexualidad intervienen una serie de factores que se confabulan y que al final pueden conducir a una persona a acabar asumiendo una identidad homosexual. Comienza con un vacío de género y si se van cumpliendo todas las etapas, finaliza en un estilo de vida gay.

Proponemos una serie de variables que pueden favorecer la conducta homosexual, muchas de ellas adaptadas de Richard Cohen, a quien consideramos autoridad en la materia, no solo por su preparación académica y por su condición de cristiano, sino también por el hecho de haber superado la homosexualidad en su propia vida. Dichas variables son:

— **Temperamento:** es la herencia genética con la cual nacemos y que puede predisponer a características poco varoniles.
— **Herencia de familia origen:** Lo que hemos vivido en carencias afectivas, modelaje paterno y materno, ambiente familiar, etc.
— **Herencia cultural:** La influencia del entorno y el ambiente social que «respiramos» a nivel de formas de pensamiento, valores, amistades, etc.
— **Constitución física débil:** Niños poco atléticos y torpes, que al no participar en deportes y juegos considerados como varoniles, van siendo etiquetados por sus compañeros.
— **Abusos sexuales y erotización traumática:** Experiencias puntuales donde la persona ha sido expuesta a algún tipo de abuso o violación sexual en sus distintos grados, y que condicionan y culpabilizan a la víctima en su percepción de una sana sexualidad.

— **Heridas hetero y homo-emocionales:** Nos referimos por un lado a las consecuencias psicológicas producidas por los abusos sexuales mencionados, y por otro a las heridas causadas en el trato disfuncional con los propios progenitores, y que en ambos casos requieren de sanidad emocional.

— **Heridas relacionadas con la propia imagen:** Las producidas por cualquiera de los puntos anteriores, o la suma de ellos y que causan una pobre identidad, baja autoestima y complejos de inferioridad.

— **Influencia del medio en la pubertad:** La pubertad y adolescencia son periodos muy vulnerables a la presión del grupo de amigos. La lealtad e identificación al grupo de iguales con los que el púber se identifica y pega, puede hacerle redefinir todo su incipiente sistema de valores y creencias en los que ha sido educado.

3. Etapas en la consolidación de una identidad homosexual

Sin embargo, cada uno de los factores mencionados difícilmente podrían por sí solos y de forma aislada convertir a nadie en homosexual, pero sí lo harían, **la suma de todos ellos** en periodos clave del desarrollo humano. Son como eslabones, que en unión con los siguientes, van formando la cadena de la identidad homosexual. Las etapas que vamos a ver sitúan algunos de esos factores en las primeras fases del desarrollo evolutivo de un niño, cuando las impresiones y vivencias marcarán a fuego su destino. Dichas etapas son seis y el esquema que seguiremos es el siguiente[11]:

---

[11] Extraído de una adaptación del pastor Marcos Zapata sobre el libro de William Consiglio ¿Qué es la homosexualidad?

— Baja autoestima de género
(18m a 4 años)
— Vacío de género
(5 - 9 años)
— Atracción de género
(10 - 12 años)
— Erotización de la A. de G.
(13 - 15 años)
— Refuerzo homosexual
(15 - 17 años)
— Identidad homosexual
(18 años en adelante)

}

Proceso hacia la identidad Homosexual

1ª etapa. Baja autoestima (BAE) (18 meses a 4 años).

El niño nace del vientre de la madre, mama del pecho de la madre y se siente uno con ella formando la cápsula materno-filial. A partir de los 18 meses el niño empieza a tomar conciencia de sí mismo y hasta los 4 años vivirá un proceso donde poco a poco empieza a asumir su propia corporeidad e independencia. Para asumir su identidad sexual diferencial iniciará un proceso de «escisión» del mundo de mamá, y para conseguirlo tiene que dar un salto en el vacío, un salto de fe dejando de identificarse con mamá.

Si se trata de una niña el proceso no es tan traumático, pues al tomar conciencia de sí misma, se ve igual a su mamá, no le cuesta tanto la separación porque se produce «entre iguales» entre su propio género femenino, de forma que el mensaje es: «Soy como tú, mamá, ahora puedo ser yo misma». Pero cuando se trata de un niño el asunto es diferente. Al dejar de identificarse con mamá, no se ve igual a mamá, como el puente natural para ser «él mismo». Para que esto ocurra tiene que dar un salto en el vacío hacia «el otro», hacia su igual, hacia su propio género, es decir hacia su padre, es un auténtico salto de fe. El gran problema es que papá no siempre está ahí para recibirle y reafirmarle en su género, y cuando su padre por pasividad o por ausencia, no está presente, el niño «cae al vacío» y se siembra baja autoestima de género[12]. El padre al no recoger al niño, hace que este se vuelva al referente «seguro» es decir su madre, reforzando la dependencia de ella y comenzando el proceso de confusión de género.

Al no estar presente la figura del padre para la identificación y separación adecuada, se irán añadiendo otros eslabones a la cadena, que irán reforzando esa confusión de género. Lo que llamamos confabulación de factores. Pasamos así a la segunda etapa: *el vacío de género.*

2ª etapa. El vacío de género (de 5 a 9 años).

Esta etapa coincide de pleno con el mundo de la escuela y la socialización con otros niños. Al llegar el niño al colegio con baja autoestima de género, su modelo es más materno y por lo tanto no acostumbrado a los juegos de competencia propios de los chicos, frente a los que se siente inseguro pues su género no está bien afirmado. Cuando sus «pares», es decir cuando los otros niños perciben esto, comienza el proceso de etiquetación con mensaje tipo: «Pareces una niña», «Eres marica», etc. El niño, en su confusión y baja autoestima, no se defiende y calla, lo que refuerza aún más en sus compañeros el mensaje de etiquetación.

---

[12] Por esto los especialistas aseguran que el proceso de afirmación de género es más complicado en los hombres, lo que podría explicar que el porcentaje de homosexuales sea un 70% mayor en el género masculino que en el femenino. Es decir por cada 30 lesbianas, hay 100 homosexuales...

Puede ocurrir que al llegar a casa les diga a sus padres lo ocurrido, o estos se enteren por otros medios, pues seguramente el niño se sentirá avergonzado de contarlo. Normalmente el padre le dirá al niño que tiene que defenderse frente a sus pares con mensajes tipo: «Marica lo serás tú» o «Si me vuelves a llamar niña te parto la boca», pues para el padre es un asunto de honor defender su hombría. Cuando el niño no se atreve y no se defiende, el propio padre por enfado o en un intento de tocar su orgullo y dignidad, puede llegar a decirle: «Pues entonces a ver si es verdad que eres marica», lo cual refuerza aún más su etiquetación de diferente y distinto, abonando la duda y la mentira con el siguiente mensaje: ¿Será cierto que soy marica?

También puede ocurrir que además el niño no sea físicamente fuerte o que sea poco hábil en juegos de competencia (fútbol, carreras de bicis, baloncesto, etc.), lo cual unido al haber crecido más en el universo femenino, y por tanto no sentirse tan cómodo ni familiarizado con esos juegos típicamente varoniles, provoca que se siga reforzando y añadiendo eslabones a la cadena de la identidad homosexual. Al ir creciendo se pasa a la siguiente etapa: *la atracción de género*.

3ª etapa. La atracción de género (AG) (10 a 12 años).

Llegados a este punto, el niño tiene una necesidad muy grande de aprobación, de afirmación. Probablemente le gustaría ser como sus amigos, fuertes, decididos, hasta agresivos, pues lo que no se tiene, se desea. Se trata de una atracción no erótica, lo que el niño busca frente al rechazo que sufre, es una afirmación, y se vuelve emocionalmente dependiente de otros niños buscando esa afirmación que le provea seguridad y afecto. El problema es que sus pares a esa edad, no piensan en relaciones profundas ni en transferencia del plano emocional, no es el momento, todavía está muy presente en ellos el juego y la actividad física. Por lo que la tendencia de los otros niños será evitar su compañía, pues lo perciben como raro y demasiado «pegado», lo cual seguirá hundiendo y reforzando su etiqueta de diferente y distinto a sus compañeros... y así pasamos a la siguiente etapa: *la atracción sexual.*

4ª etapa. La atracción sexual (AS) (13 a 15 años).

Llega la pubertad y con ella toda la explosión hormonal que tiene que ir despertando su pulsión sexual. Aquí la atracción de género, la necesidad de apego emocional, ya se sexualiza, se erotiza. Comienza una mezcla de sentimientos que produce una gran confusión hacia lo que siente: enamoramiento, deseo sexual hacia sus compañeros, confusión. Normalmente en esta etapa se descubre la masturbación, canalizando la fuerza de su sexualidad hacia lo que no se tiene, hacia el contrario, en este caso hacia la masculinidad, es decir, hacia otros chicos. Es una etapa de profunda lucha interna, el adolescente no quiere ser así, a su confusión y desorientación de etapas anteriores, se une la corriente imparable de una sexualidad que ha desviado su curso natural. Hay una necesidad de contacto, de experiencia física que le confiera certezas sobre lo que realmente es. Esto da paso al siguiente eslabón de la cadena, a la siguiente etapa: *el refuerzo homosexual.*

5ª etapa. El refuerzo homosexual (RH) (15 en adelante).

Se considera ya la homosexualidad como una opción a ir asumiendo, aunque todavía hay una lucha interna. En esta etapa se normaliza la masturbación con fantasías homosexuales, la pornografía, la búsqueda de ambientes gays, donde no se sienta raro ni diferente. En el encuentro e identificación con el mundo gay comienzan los contactos homosexuales. Se sigue reafirmando la asunción de su homosexualidad frente al vacío de género sufrido desde el principio y en todas las etapas anteriores, es decir, se va produciendo el refuerzo homosexual, el convencimiento de que es diferente, pero que al vivirlo con otros chicos en su misma situación, se va asumiendo como una realidad que hay que aceptar. Esto da paso a la siguiente etapa: *la identidad homosexual.*

6ª etapa. La identidad homosexual (IH) (18 en adelante).

El joven todavía vive su identidad con cierto grado de culpa y por ello puede haber intentos de comprobar si es heterosexual. Experiencias que en muchos de los casos fracasan, o se viven con frustración, al comprobar que esos encuentros no solucionan su conflicto interior, pues el asunto es más profundo que la sexualidad genital, y abarca complejos aspectos en el plano emocional y afectivo.

Dado que el joven continúa incursionando cada vez más en el mundo gay, y que la identificación con el grupo le provee de «pares homosexuales» que le comprenden y con los que siente el colchón afectivo que le faltaba, poco a poco se va liberando de complejos, estereotipos y miedos, y al ser aceptado y entendido se libera del peso, asumiendo finalmente la identidad homosexual. El chico «sale del armario» y defiende su condición, sintiéndose liberado para vivir como gay.

Para concluir, comprobamos como a lo largo de todo un proceso que comienza desde la infancia temprana, todos los factores de riesgo mencionados han contribuido a que finalmente se pueda forjar una identidad homosexual.

4. Etapas en el proceso de restauración y sanidad

El efecto de la homosexualidad es devastador y como ya hemos mencionado, anula por completo el papel del hombre en sus roles principales: identidad de varón, esposo y padre. Para recuperar la identidad como hombre en su plenitud hetero-sexual[13], también hay que seguir un proceso, qué básicamente consiste en desaprender conductas y conceptos, para aprender otros. Este proceso debe ser guiado y dirigido por una persona de apoyo que tenga experiencia y sea preferiblemente varón, y que a ser posible comparta nuestra fe. El modelo que pro-ponemos es una adaptación del proceso de curación en cuatro etapas propuesto por el ya mencionado Richard Cohen[14].

Primera etapa: *Transición*

Cortar con la conducta sexual. Lugares, compañeros, obje-tos, webs, etc. Es el primer paso que evidencia el compromiso y promueve un cambio real de conducta. Este es el paso más difícil pues implica romper de forma radical, y si el joven ha es-tado muy involucrado, tendrá hasta un sentimiento de traición y falta de lealtad al romper relaciones. Habrá incomprensión y hasta claro rechazo del grupo homosexual, pero en realidad es lo que se pretende pues debe haber una auténtica ruptura.

Desarrollar una red de apoyo. Cuando el joven corta con su antiguo ambiente se encuentra en un vacío, ha perdido su nido social de referencia y necesita con urgencia encontrar otra red de apoyo. Se trata de salir de un ambiente para entrar en otro. Urge una cobertura familiar, social y espiritual que le pro-vea de nuevos afectos y lealtades. Esto es, construir una red de apoyo que alimente todas las necesidades emocionales que proveía el antiguo entorno, dando importancia a la figura del

---

[13] Debemos mencionar que dada la complejidad del tema, la sanidad no es en algunos casos, hacia la heterosexualidad, sino hacia el control de su tendencia, con la que puede convivir toda su vida, pero manteniendo la abstinencia ho-mosexual. De igual forma que muchos hombres deben convivir toda su vida con una tendencia hacia la relación sexual ilícita (masturbación compulsiva, lujuria, pornografía, fornicación...).

[14] COHEN, Richard. *Comprender y sanar la homosexualidad.* LibrosLibres, Ma-drid, 2004 p.105

varón, sea en su papel de padre, amigo o mentor. Se trata de potenciar referentes masculinos y vincular al joven, sobre todo con un entorno de heterosexuales sanos que refuercen su sentido de pertenencia y lealtad al nuevo grupo.

Alimentar la relación con Dios. La homosexualidad es pecado, y como tal, nos aleja de Dios y facilita que el enemigo de nuestras almas tome control y establezca fortalezas que habrá que derribar. La lucha espiritual es real y fortísima. Tenemos que asumir el hecho de que muchos jóvenes cristianos que abandonan conductas homosexuales, tienen que ser liberados de fuertes opresiones demoníacas. Por eso dentro del proceso de sanidad interior en homosexualidad, habrá que trabajar, muy probablemente, con guerra espiritual y liberación.

La liberación de ataduras, es decir cortar con «lo malo» , tiene que venir reforzado con la práctica de «lo bueno» . Se hace necesaria una relación personal y diaria con Dios que fortalezca espiritualmente a la persona y le otorgue el poder y la autoridad espiritual para ser vencedor y mantener su posición en Cristo. Sobre todo cuando vengan momentos de debilidad y tentaciones de la vieja vida. En la parte final del libro trabajaremos más a fondo estos aspectos. La vida espiritual también incluye cuidar y alimentar adecuadamente nuestro cuerpo como templo del Espíritu Santo, el ejercicio físico aparte de los beneficios que comporta, ayuda a normalizar la socialización del joven en ambientes netamente masculinos, pues si hace deporte en un gimnasio, el simple hecho de desnudarse en el vestuario junto a otros hombres, le ayuda a normalizar y reafirmar su masculinidad.

Segunda etapa: *Arraigo*

Seguir reforzando la red de apoyo anterior y la relación personal con Dios. Cuando estamos en el proceso de cambiar patrones de conducta homosexuales hay que trabajar con las emociones y los pensamientos. Habrá que desarrollar habilidades emocionales que le ayuden a uno a regular sus sentimientos mediante un entrenamiento donde se aprenda dominio propio. Se trata del pensamiento positivo y la inteligencia emocional tan de moda actualmente, y sobre los cuales la Palabra ya nos insta a perseguir en Filipenses 4:8-9, donde bajo el título de «En esto pensad» se nos dice: *...todo lo que es verdadero, todo lo honesto, todo lo justo, todo lo puro, todo lo amable, todo lo que es de buen nombre..., en esto pensad..., y el Dios de paz estará con vosotros.*

Hay que establecer un nuevo patrón de pensamiento que discipline la mente para no solo no caer en la tentación de alimentar fantasías homosexuales, sino para romper el mecanismo de compensación que se produce ante situaciones de estrés, enfado, cansancio o desaliento. En cuyos casos, la tendencia al principio, es compensar el dolor que se siente mediante la gratificación de patrones adictivos (lujuria, masturbación, pornografía, etc.)[15]

Tercera etapa: *Sanidad homoemocional*

Se trata de la sanidad de las heridas homoemocionales. Los varones han de curar las heridas que tienen por objeto a sus padres, o cualquier otra herida provocada por una persona significativa del propio sexo. De nuevo, las heridas profundas tienen que manifestarse primero, para curarlas después mediante el proceso de duelo, perdón y toma de responsabilidades, para por último satisfacer las necesidades de amor que no se han cumplido, dentro de relaciones saludables no sexuales.

Este es el proceso adecuado de maduración, que se da cuando el varón aprende a aumentar su sentido de autoestima adquiriendo nuevas habilidades, experimentando su propio valor dentro de la relación con Dios, descubriendo y sanando las causas

---

[15] Esta pauta opera para cualquier tipo de adicción.

profundas de la herida del padre, y permitiendo el resurgir de las necesidades legítimas de amor que permanecían insatisfechas. A partir de aquí la persona está capacitada para desarrollar relaciones sanas y curativas con personas del mismo sexo.

Cuarta etapa: *Sanidad hetero-emocional*

En esta etapa se debe producir la curación de las heridas hetero-emocionales. En este caso, los hombres deben sanar las heridas relativas a sus madres, o cualquier otra herida provocada por una persona significativa del sexo opuesto. Aquí se trata de trabajar aspectos como el vínculo excesivo con la madre, o el rechazo emocional de la madre, o incluso abusos sexuales. Ya lo hemos dicho, las heridas interiores primero hay que sacarlas a la luz para después curarlas. La última parte de esta fase consiste en suplir las necesidades de amor que no han sido satisfechas dentro de relaciones sanas y no sexuales, llenando así los vacíos en el desarrollo de la persona. Es decir aquí es muy importante que el hombre se vaya sintiendo cómodo en su relación con las mujeres, como ya hemos dicho sin pretender que aparezca ningún deseo sexual hacia ellas, pues esto vendrá de forma natural y como consecuencia de la afirmación de la propia masculinidad.

Cerramos este apartado, conscientes de que la problemática de la identidad homosexual es un asunto sobre el que debemos estar mínimamente preparados, pues incide de forma alarmante en muchos jóvenes. Al menos, que seamos conscientes de los factores que la provocan y de las etapas a seguir en el proceso de sanidad hacia la heterosexualidad, o en algunos casos hacia el control de su tendencia. Recalcar que en todo el proceso la figura del mentor que acompaña es clave, pues se constituye en la muleta, el confidente y el freno que el joven necesita para salir adelante y reafirmarse en su heterosexualidad.

CAPÍTULO 5

V. La atracción sexual:
El hombre tentado

1. La influencia de una sexualidad desconectada

> *Para que seáis irreprensibles y sencillos, hijos de Dios sin mancha*
> *en medio de una generación maligna y perversa, en medio de la*
> *cual resplandecéis como luminares en el mundo[1].*

En la lucha contra la corriente de este mundo «maligno y perverso», una de las cascadas más difíciles de saltar y con la que enemigo intenta arrastrarnos, es la erotización de los medios de comunicación y la perversión del don de la sexualidad. Las fuerzas del mal son muy conscientes que el alma del varón es especialmente vulnerable a la atracción de una sexualidad desconectada del soporte de lo afectivo y de la base

---

[1] Fil.2:15.

del compromiso. Cuando el hombre se deja llevar por sus instintos primarios y cede a la tentación, a la fascinación de lo erótico y sensual, su marco ético se derrumba, el sentimiento se hace más poderoso que la convicción, y sucumbe al pecado. Salomón, quien sufrió en carne propia las consecuencias del pecado sexual, lo describe en Proverbios con la claridad que da la experiencia:

> *Lo rindió con la suavidad de sus muchas palabras. Le obligó con la zalamería de sus labios. Al punto se marchó tras ella, como va el buey al degolladero, y como el necio a las prisiones para ser castigado; como el ave que se apresura a la red, y no sabe que es contra su vida, hasta que la saeta traspasa su corazón[2].*

Es como si el hombre sufriera un encantamiento, una nube de fantasía, donde como si de un niño se tratara, cae preso a merced del enemigo. Por eso hablamos de una sexualidad degradada y por tanto desconectada de la realidad y privada de los límites de la razón, el compromiso y la responsabilidad. En ese estado, el hombre es capaz de vender su dignidad y traicionar a los suyos, por un simple plato de lentejas. Lo hemos visto muchas veces en consejería, hombres que caen en las redes del pecado sexual sin medir las consecuencias, para luego volver arrepentidos a sus hogares, creyendo que el pedir perdón a su esposa e hijos va a arreglar la situación. ¡Qué iluso! En la mayoría de los casos, la mujer está destrozada, arrasada en su autoestima y dignidad, viendo como su marido, el padre de sus hijos, es capaz de echar por la borda toda una vida. En todos los casos mencionados, y contando con que la mujer acceda, hay que iniciar un proceso de restauración donde el hombre tendrá que reconquistar el corazón de su esposa, demostrando

---

[2] Las artimañas de la ramera Prov.7:21-23.

y recuperando una confianza que fue traicionada. Todo por un instante de placer, por una locura pasajera.

En este área tenemos que estar muy vigilantes, hay que medir muy bien las consecuencias de nuestros actos para que la culpa y la lealtad a Dios y a los nuestros, sea más fuerte y poderosa que la tentación. Es el mismo principio del hijo pródigo que después de caer en lo más bajo, «vuelve en sí» y como si de un estado de locura transitoria se tratase, se da cuenta de lo que ha hecho, donde el deseo y los antojos de su corazón le han llevado, y entonces regresa a casa arrepentido.

En la inmensa mayoría de los hombres, al menos en las primeras fases de nuestro proceso de santificación, hay un fuego oculto hacia lo sensual que nos puede paralizar haciéndonos ser permisivos y consentidores. Sí, admitámoslo, en momentos de debilidad espiritual a casi todos nos atrae la fruta prohibida. Esto es así porque nos conecta con sentimientos que pertenecen al corazón de todo hombre y al ritual de conquista: emoción, riesgo, atracción al cortejo... es la historia de nuestra vida, la búsqueda de un equilibrio entre acción y sensatez. La corriente de la sexualidad bien enfocada en nuestras esposas, es una bendición espiritual y fuente de satisfacción conyugal, pero desviada de su curso normal, es una maldición con consecuencias nefastas.

La industria del sexo es, junto a la venta de armas y el tráfico de drogas, uno de los negocios más lucrativos del mundo. El sexo vende principalmente por dos motivos. Por un lado porque los hombres somos atraídos sexualmente por la vista, y por otro lado porque la sexualidad cuando se pervierte y degrada, genera adicción y atrapa la voluntad de muchos hombres. Esto lo saben los publicistas y lo sabe el enemigo de nuestras almas, que tiene el departamento de marketing publicitario más sofisticado y creativo, presentándonos todos sus productos ponzoñosos en un envoltorio con apariencia de bueno, agradable y codiciable. Las sirenas de esta sociedad que intentan seducir y atrapar a las almas incautas como bien nos describe Proverbios 7 en «las artimañas de la ramera».

Vivimos bajo la cultura del hedonismo, donde ya no se busca la satisfacción de los deseos, sino la sofisticación y la perversión de los mismos. En ese caldo de cultivo hemos depravado y embrutecido la sexualidad hasta límites insospechados. La impureza sexual en cada una de sus perversiones, es una de las grandes armas de Satanás y entra dentro de las tres «f» de las que todo hombre debe librarse (*faldas, finanzas, fama*), son tres fuentes de poder que corrompen el alma del varón. En realidad no tenemos más que echar un vistazo general a la Biblia, para comprobar como grandes hombre de Dios fueron tentados y corrompidos en estas tres esferas y por el mismo orden: el área sexual, la avaricia y la codicia.

Parafraseando al psiquiatra Aquilino Polaino, mencionamos tres rasgos característicos de la cultura erotizada en la que vivimos:

1ª. **La reducción de la sexualidad al componente del placer.** Degradando el don de la sexualidad a un instinto animal y egoísta, que abre la posibilidad de convertirlo en toda una adicción.

2ª. **La fusión de géneros que deslinda la distinción de sexos.** Abriendo la puerta y legitimando manifestaciones ilícitas de la sexualidad: homosexualidad, transexualidad, polisexualidad o bisexualidad, y dejando sin fronteras las marcas genéricas que deben distinguir y singularizar al ser humano como hombre y mujer.

3ª. **El transfuguismo sexual que atenta contra la identidad de las personas.** Es decir, la fusión de géneros provoca por un lado el abrir la puerta a otras formas ilícitas de vivir la sexualidad, y por otro penetra en el área más profunda y sensible del ser humano, trastocando su identidad y nublando su percepción de ¿quién soy realmente?

2. Los principales frentes de batalla: *Lujuria, pornografía, masturbación*

Como ya hemos mencionado, el poder de seducción del pecado es grande, y la sexualidad ilícita y depravada produce una corriente fortísima de placer lujurioso y adictivo. La Biblia nos habla de los deleites temporales del pecado en He.11:25. ¿Cómo es posible? ¿Puede el pecado producir placer y deleite? Por supuesto que sí, de hecho ese es su poder de atracción. El pecado produce un placer ilegítimo y un «gozo» carnal que siempre es temporal y acaba dando a luz a la muerte, pues *el pecado, siendo consumado, da a luz la muerte*[3]. Dentro de las obras de la carne en Gálatas 5, las primeras mencionadas tienen que ver con la sexualidad desviada. Aquí observamos como siempre el enemigo suplanta algo legítimo en su origen, en este caso el placer, y lo pervierte para convertirlo en una obra de la carne, en un pecado. Este concepto lo explica bien C.S. Lewis en su libro *Cartas del diablo a su sobrino*:

Ya sé que hemos conquistado muchas almas por medio del placer. De todas maneras el placer es un invento Suyo [de Dios], *no nuestro* [de los demonios]. *Él creó los placeres; todas nuestras investigaciones hasta ahora no nos han permitido producir ni uno. Todo lo que hemos podido hacer es incitar a los humanos a gozar los placeres que nuestro Enemigo ha inventado, en momentos, en formas, o en grados que Él ha prohibido*[4].

La lujuria

Biológicamente el hombre fue diseñado para que su llave de ignición sexual sea la vista. El hombre se excita por lo que

---

[3] Stg.1:15.
[4] LEWIS, C.S. *Cartas del diablo a su sobrino*. RIALP, Madrid 1993, p.52.

ve, y dado que «la lampara del cuerpo es el ojo»[5], es mucho más fácil que la lujuria ataque principalmente al sexo masculino, a los hombres. Aunque es cierto que otro de los signos de una sociedad perdida donde se le da la vuelta a todo, es la realidad de que las mujeres están asumiendo comportamientos sexuales tradicionalmente asignados al varón[6]. Pero no se trata de una superación cultural de roles de género, sino de una perversión del orden natural en base a como Dios nos creó en el principio. En ese orden natural y reafirmando que la llave original para la excitación masculina es la vista, la Palabra es clara: *Yo había convenido con mis ojos, no mirar con lujuria a ninguna mujer*[7]. El propio David (quien estaba experimentado en ese tipo de quebrantos) declara: *En la integridad de mi corazón andaré en medio de mi casa, no pondré delante de mis ojos cosa injusta*[8].

Estamos en disposición de afirmar que el 90% de los hombres tienen que resolver en sus vidas el asunto de los pensamientos impuros y la lujuria. Partiendo de esta realidad, hay muchos hombres que superan la prueba, toman decisiones, sujetan su carne y disciplinan su mente *llevando cautivo todo pensamiento a la obediencia a Cristo*[9], ese es el camino, con luchas, pero en victoria. Pero muchos otros, viven en derrota, arrastrando la lucha contra la lujuria en sus diversos grados de intensidad, y algunos tristemente durante toda su vida, en una alianza con el pecado y en una religiosidad cómoda y sin compromiso con la Verdad. Por no mencionar las puertas que esto abre para que el enemigo establezca fortalezas en las vidas de muchos hombres creyentes.

---

[5] Mt.6:22; Lc.11:34.
[6] Ser la parte iniciadora en la relación, ver pornografía, masturbarse, etc.
[7] Job.31:1 NVI.
[8] Sal.101:2 b.
[9] IICor.10:5.

La palabra lujuria en su etimología alude por un lado a vicio o apetito carnal desmesurado, y por otro lado a lujo y derroche desmedido. Es decir, trasciende el uso habitual de lujuria entendida solo en el ámbito sexual y llega a aspectos como lujuria en la comida (cuando es un apetito que deriva en gula) o lujuria en el afán de poder o de «tener o poseer» como avaricia, ambición o codicia. De hecho la lujuria y la codicia están en la base de todas las tentaciones básicas que nos muestra la Palabra. Para defender esto, analizaremos brevemente las características del pecado partiendo de tres textos de la Palabra: La caída en Gn.3, la tentación de Jesús en el desierto (Mt.4), y las tentaciones naturales en la vida del creyente (I Jn.2:16).

En Génesis 3, cuando el pecado entra en el corazón de Adán y Eva, lo hace disfrazado de lo que parecía «bueno, agradable, y codiciable». Estas tres características del pecado serán normativas en toda tentación posterior. Es decir el poder de seducción del pecado apela a los sentidos egoístas y carnales que forman parte desde entonces de nuestra naturaleza caída y que nos provocan una tendencia a la autonomía, a buscar nuestra propia ley.

En Mateo 4 durante la tentación de Jesús en el desierto, también el diablo apela a los deseos prohibidos, los apetitos de la carne, la codicia y el orgullo. Pero aquí el Señor nos da claro ejemplo de cómo cuando vencemos la tentación con la espada del Espíritu que es la Palabra de Dios, el enemigo no tiene poder en nuestras vidas y huye, como atestigua Santiago: *Resistid al diablo, y huirá de vosotros*[10], para finalmente enseñarnos también que una vez que superamos la tentación, viene la bendición: *El diablo entonces le dejó, y he aquí vinieron ángeles y le servían*[11].

---

[10] Stg.4:7.
[11] Mt.4:11.

Luego en la primera carta de Juan (2:16) queda establecida para la vida del creyente la lucha en esas características universales de la tentación: *Porque todo lo que hay en el mundo*:

— *Los deseos de la carne* (falta de dominio propio, obras de la carne).
— *Los deseos de los ojos* (lujuria, codicia, fascinación).
— *La vanagloria de la vida* (avaricia, orgullo, idolatría).

Por ello la lucha del creyente contra la lujuria, como una de las obras poderosas de la carne, tiene que ver con la búsqueda de la santidad en las áreas del dominio propio y la integridad, aprendiendo a llevar cautivo todo pensamiento a la obediencia a Cristo.

La pornografía

Las perversiones sexuales tienen un alto poder de atracción pues forman parte de las tentaciones básicas del pecado. España ostenta el triste récord de ser uno de los primeros países del mundo en consumo de pornografía. El poder de seducción de la pornografía, mayoritariamente online, es muy elevado pues cumple lo que algunos denominan la triple A de la pornografía:

Accesible: Todo el mundo ya tiene ordenador, está en el hogar, no hay que salir fuera.

Asequible: Es gratis, solo tienes que entrar a internet y teclear las palabras.

Anónima: Parece que nadie te ve, estás en completa intimidad, no hay riesgo aparente de manchar tu testimonio.

La pornografía reduce el sexo al placer egoísta privándolo de su dignidad y valor. El *querer* con sus valiosos matices de entrega y ternura, ha sido sustituido por el *desear* en sus connotaciones egoístas más ligadas al instinto. Se trata de la búsqueda del mayor placer a costa del menor compromiso, y cuando eso ocurre, de «sujeto» se pasa a «objeto», convirtiéndonos en marionetas de esa fuerza destructora. Como vemos, es una trampa manejada por el enemigo y con un altísimo poder de seducción. Opera desde la privacidad de nuestros hogares, y sobre ello ya nos advierte la Palabra claramente: *En la integridad de mi corazón andaré en medio de mi casa, no pondré delante de mis ojos cosa injusta[12].*

Por eso lo opuesto a la lujuria es el amor entregado, el amor que da, que se sacrifica. De ahí que el amor regenera y la lujuria degenera. Agradarse a sí mismo es el principio egoísta del placer sobre el que descansa la vida en la carne, agradar a Dios es el principio altruista del placer sobre el que descansa la vida en el Espíritu: *Andad en el espíritu, y no satisfagáis los deseos de la carne[13].*

Muchos hombres, tristemente aún cristianos, en la privacidad de sus hogares se asoman a la ventana de su ordenador o televisor, para codiciar imágenes pervertidas y prohibidas, satisfaciendo deseos egoístas y dando a luz al pecado, lo que produce alejamiento de la intimidad con su pareja y alejamiento de la intimidad y comunión con Dios. En los puntos siguientes ampliamos esto por su importancia.

La masturbación: ¿Qué dice la Biblia?

Cuando abordamos el asunto de la masturbación no hay que dramatizar pero tampoco banalizar, pues la masturbación puede llegar a convertirse en un patrón adictivo e iniciarnos en otras prácticas sexuales ilícitas. La Biblia explícitamente no

---

[12] Sal.101:2,3.
[13] Gal.5:16.

habla de la masturbación ni la menciona en ninguna parte. Evidentemente sí habla de los pensamientos impuros, la lujuria, los deseos carnales y las fantasías mentales, actividades que en la gran mayoría de los casos (no en todos como veremos) acompañan al acto de masturbarse, pues parece difícil masturbarse en un vacío mental. Éticamente hablando la masturbación es contraria al espíritu de las relaciones sexuales en la pareja. El amor y la intimidad sexual son actos de entrega, de buscar en el otro la satisfacción que uno mismo obtiene cuando «nos damos» a nuestro cónyuge. Mientras que la masturbación es un acto egoísta pues se trata de un auto-erotismo que despersonaliza el sexo y lo priva de su componente afectivo, provocando soledad y aislamiento.

Según Douglas Weiss[14] existen tres categorías diferenciadas de masturbación: A, B, C.

Categoría A: En esta categoría ocurre algo casi impensable para nuestra sociedad occidental, pues los hombres que entran en ella nunca se han masturbado. Existen ciertas culturas, sobre todo en Oriente, donde la masturbación es vista como un signo de debilidad, y donde las relaciones sexuales se dan en edades tan tempranas que no hay necesidad, ni a veces tiempo llegada la pubertad, para experimentar con el propio cuerpo la sexualidad latente. Desde nuestra mentalidad Occidental bombardeada por una moralidad sin restricciones, es difícil de creer, pero ocurre.

Categoría B: Comprende mayormente a jóvenes adolescentes, que comienzan a masturbarse de forma natural, es decir no compulsiva, no movidos por la lujuria y conectados consigo mismos. Sienten una pulsión hormonal, una necesidad de conocer su propio cuerpo y su potencial sexual, y se masturban sin necesidad de ningún refuerzo tipo pornogra-

---

[14] Psicólogo y director ejecutivo del Centro de Psicoterapia Heart to Heart en Colorado Springs, USA.

fía, fantasías sexuales, etc. Se trata de una función corporal que exploran y que no les causa vergüenza ni culpabilidad frente a Dios, porque no hay compulsión, ni desconexión con la realidad, ni como decimos, ningún refuerzo exterior (o interior) adictivo. No utilizan la masturbación ocasional[15] para satisfacer necesidades emocionales, lo que ocurre es que cuando ocasionalmente sienten la necesidad, simplemente se masturban, eyaculan y continúan con su vida, sin que ello les suponga un problema en ningún área. Muchos de estos adolescentes abandonan la práctica cuando comienzan las relaciones estables con una pareja, situando la masturbación como parte de algo transitorio, como parte del proceso de crecimiento que se abandona, también de forma natural, con la maduración de la persona.

Categoría C: Es probablemente la categoría en la que se ven reflejadas una gran parte de las personas que se masturban. Las personas que entran en esta categoría utilizan todo tipo de refuerzos y fantasías, desconectándose de su realidad en los planos personal y por supuesto espiritual. Son los jóvenes o adultos que necesitan ver pornografía o cuando menos tener pensamientos lujuriosos mientras se masturban, cayendo muchos de ellos en comportamientos adictivos que evidentemente son pecado, generan culpa, distanciamiento relacional, y distanciamiento de Dios.

Para estas personas el acceder al mundo de la lujuria y la pornografía, supone una desconexión espiritual y emocional en todo lo demás, para así poder entrar en el estado de fantasía que han creado. Este es el principio de la «doble vida». El problema con las fantasías sexuales, o la lujuria, es el que

---

[15] Hacemos énfasis en «ocasional» pues cuando la masturbación es frecuente, entra el elemento compulsivo y pasa a adicción entrando en la categoría C. Aquí ya hay lujuria y pensamientos impuros, por lo tanto ya hay pecado consciente.

aparte de ser pecado y distanciarnos de Dios, nos hacen vivir fuera de la realidad y nos alejan de ella al presentarnos una falsa «realidad paralela» (todo un mundo fascinante de mujeres a la carta, siempre dispuestas a satisfacer cualquier capricho, en todo lugar y en cualquier momento). Esto nos coloca en un plano puramente egoísta y solitario, que a la postre nos imposibilita para acceder a relaciones interpersonales sanas y profundas, tanto con nuestros semejantes como con Dios.

Ya hemos identificado las tres categorías posibles a la hora de hablar de la masturbación. Ahora nos interesa resaltar que la falta de una clara identidad de quienes somos y la práctica continuada de la masturbación, tienen mucho que ver. Cuando no hay un sentido correcto de nuestra identidad como hijos de Dios y de nuestra valía como personas, hay carencias afectivas que generan necesidad de compensación. Puede ser el caso de la masturbación compulsiva donde en muchas personas se va formando un patrón recurrente de ciclo adictivo, fijado como un mecanismo que se genera como respuesta a situaciones de «frustración o celebración».

Es decir, en momentos de crisis y en momentos de euforia, podemos caer en la tentación de, ante el dolor y el desánimo, buscar una gratificación en la masturbación que nos compense y «ayude» a mitigar o tapar ese dolor. O bien por otro lado a permitirnos un «pequeño homenaje», después de un duro día de trabajo o aun de ministerio, donde nos hemos entregado y sentido usados por el Señor. Cuando esto se perpetúa en el tiempo, pasa a ser una adicción, pero sobre todo un problema estructural (biológico, psicológico y espiritual) como veremos más adelante. Esta situación genera un sentimiento de culpa que nos hace indignos y no merecedores del amor de Dios.

3. Consecuencias para prevenir y estrategias para intervenir

Dios ha puesto en nuestro cuerpo el deseo sexual, por lo tanto es normal sentirse atraído por el sexo opuesto y tener deseo sexual. Lo que Dios condena es el mal uso del sexo, pues Él ha provisto el matrimonio como único marco válido para la satisfacción sexual. Sin embargo somos conscientes de que es difícil vivir en el celibato cuando los jóvenes (y no tan jóvenes), las personas solteras (pero también las casadas)[16] somos atraídos y seducidos por la fascinación de un erotismo impuro que nos es presentado en una amplísima gama de ofertas.

Parte de la semilla de liderazgo que posee todo varón, nos conecta con un sentido del riesgo que puede ser muy peligroso cuando deriva hacia la atracción sexual. Ya hemos mencionado que nos gusta cierta dosis de peligro y la fascinación de la conquista, la seducción, conseguir el «objeto del deseo» En el mundo de los mamíferos está establecido el ritual de cortejo, donde en época de celo los machos inician dicho ritual, que consiste en llamar y ganar la atención de la hembra de distintas maneras (colores, olores, sonidos, demostraciones de fuerza, peleas, etc.)

Los hombres, salvando las distancias con el mundo animal, cuando queremos conseguir a la mujer de nuestra vida, funcionamos como el «macho alfa» de la manada y desplegamos todo nuestro arsenal seductor. Cuando finalmente conseguimos ganar su corazón, en muchos de nosotros automáticamente cesa el ritual de cortejo y todas las atenciones y afectos que tenían como único objetivo la conquista, dejan de tener sentido. El hombre en muchos casos, descansa y se relaja en su insensible

---

[16] Sería ingenuo pensar que el matrimonio es el antídoto contra la impureza sexual en cualquiera de sus manifestaciones. El matrimonio no arregla por sí mismo nuestras ataduras del pasado.

egoísmo. Cuando la mujer recibe su falta de interés y dejación en esos detalles, se siente herida y puede reaccionar alejándose o exigiendo. En ambos casos se ha roto la comunicación y la intimidad.

El vallado de la prudencia se ha caído, y si se trata de personas con poco compromiso en sus relaciones, muchos hombres pueden ceder a la tentación de un nuevo proceso de conquista que reinicie el ciclo de fascinación y novedad excitante, privando a esas relaciones de los procesos necesarios y de la superación de problemas, que llegarán a consolidar y cimentar relaciones estables, mediante las cuales ir construyendo el pegamento de la intimidad.

¿Cómo podemos luchar y ser vencedores en esta batalla? En primer lugar conociéndonos a nosotros mismos en nuestras respuestas comunes como seres humanos, como varones. ¿Cuál es el órgano sexual más importante del hombre? El cerebro. Por tanto el primer paso en nuestra lucha contra la impureza sexual es conocer cómo somos, cómo opera nuestra sexualidad. Debemos conocer cómo funciona nuestro cerebro en sus respuestas, en sus mecanismos de autojustificación por los que razonamos el pecado y justificamos incursiones esporádicas en el terreno prohibido. La sexualidad tiene dos posibles campos básicos de acción:

Sexualidad externa: Actos sexuales en los que participa tu propio cuerpo. Pueden ser lícitos cuando involucran a tu pareja heterosexual y se dan en el marco del matrimonio, o ilícitos cuando involucran relaciones de adulterio, fornicación, masturbación compulsiva, prostitución, etc.

Sexualidad interna: Actos sexuales en los que participa tu mente. Pueden ser puros cuando involucran exclusivamente la sexualidad matrimonial. Pero son muchas las personas que viven una sexualidad interna pecaminosa y desconectada de su realidad. Aparentemente en la sexualidad interna no hay mucho riesgo, escapa al control del mundo exterior, es algo más privado y sutil. Sentimientos, fantasías, impulsos sexuales, pensamientos impuros, lujuria mental. Puedes hacerlo sin ser detectado ni aparentemente entrar en riesgo de ser descubierto. Evidentemente el motor de la sexualidad se activa en primer lugar en nuestra mente, la sexualidad interna es la chispa que activa la explosión:

Ningún hombre llega a ser inmoral en sus hechos, sin primero haber sido inmoral en sus pensamientos. No hay seducción sin coqueteo. Los hombres son seducidos a cometer adulterio con el mundo, después de haber coqueteado con él. El pensamiento ilegítimo da a luz un acto inmoral[17].

Estos dos campos al operar en la misma persona van poco a poco provocando que la sexualidad interna empiece a querer manifestarse en la sexualidad externa. Ante la presión de una sociedad cada vez más depravada donde se normalizan pecados sexuales cada vez más extremos, acabamos consintiendo con incursiones a lo prohibido como si de un mal menor se tratara, una vía de escape rápida.

Llegados a este punto hacemos dos cosas: por un lado podemos intentar justificar y razonar el pecado argumentando frases como: «No hago daño a nadie», «El Señor conoce mi corazón», «Necesito algún escape, no puedo vivir con tanta presión». Por el otro lado, y como ya se ha mencionado, nos desconectamos de nuestra realidad, no la justificamos ni la razonamos, simplemente la ignoramos, es como si llegada la tentación sucumbiéramos a ella, nos quitáramos la chaqueta de cristiano cambiándola por la de «mi deseo» y después de haber cometido adulterio mental y masturbación (por ejemplo), volviéramos a nuestra realidad y normalidad poniéndonos de nuevo la

---

[17] COLE, Edwin L. *Hombres fuertes en tiempo difíciles.* Ecuador, 2009, p.102

chaqueta. Así opera el ciclo adictivo en la vida de muchos cristianos que viven en derrota y con grandes sentimientos de culpa.

El peligro es real y en muchas ocasiones el ciclo adictivo de pecar, arrepentirse, confesar y pecar, nos deja sin fuerzas, en una triste mediocridad donde el parásito del pecado va chupando nuestra energía y debilitando nuestra fortaleza espiritual. No nos engañemos pues *todo lo que el hombre sembrare, eso también segará,* ni podemos servir a dos señores, ni permitir que por un mismo caño salga agua dulce y salada, ni ser mediocres ni tibios, so pena de que el Señor nos vomite de su boca.[18]

Si alimentamos los deseos carnales que batallan contra nuestra alma, cederemos a la tentación dando a luz al pecado en nuestras vidas. Esto trae una degradación en el área física, moral, espiritual y relacional. Ahora vamos a enumerar cuatro aspectos o consecuencias de nuestros actos pecaminosos, que afectan de forma integral a nuestras vidas:

— Grabamos «rutas cerebrales» y establecemos patrones adictivos de pensamiento.

— Liberamos químicos que provocan adicción.

Dependencia psicológica y biológica

— Violamos nuestra identidad como Hijos de Dios.

— Descendemos en nuestro nivel de consagración estableciéndose fortalezas espirituales.

Degradación moral y espiritual

---

[18] Gal.6:7, Apc.3:16.

Las rutas cerebrales y la dependencia psicológica

Cuando alguno es tentado, no diga que es tentado de parte de Dios; porque Dios no puede ser tentado por el mal, ni él tienta a nadie; sino que cada uno es tentado, cuando de su propia concupiscencia es 'atraído' y 'seducido'. Entonces la concupiscencia, después que ha concebido, da a luz al 'pecado'; y el pecado, siendo consumado, da a luz a la 'muerte'[19].

El pecado es un proceso degenerativo que apela tanto a lo cognitivo como a lo volitivo, es decir, degrada tanto nuestro razonamiento lógico, como nuestros sentimientos y emociones. En Génesis, Eva fue tentada en su percepción y sentimientos sobre como vio la apariencia del pecado, que le pareció «bueno, agradable y codiciable», y sobre esa base hizo sus propias decisiones: *...tomó de su fruto y comió; y dio también a su marido.* Los malos hábitos, al igual que los buenos, cuando se practican por un periodo de tiempo prolongado, una vez que se establecen y fijan en el cerebro, se activan casi sin control de nuestra mente. Tus ojos rebotan hacia algo y se activa el motor, es un mecanismo reactivo, llega a ser algo automático que haces sin pensar. Ya se ha establecido una ruta cerebral y esto produce un ciclo adictivo. Práctica continuada, más fijación de hábito, más establecimiento de ruta cerebral = dependencia psicológica.

La dependencia biológica

Las endorfinas son sustancias sintetizadas por el propio cerebro y su secreción es activada, entre otros estímulos, por la relación sexual. Actúan como poderosos mensajeros químicos que viajando a través del sistema nervioso periférico, transmiten una agradable sensación de bienestar, reducen el estrés,

---

[19] Stg.1:13-15.

relajan, y aportan un efecto sedante parecido al que se produce al consumir opiáceos tipo heroína o morfina. Ahora bien, cuando la relación sexual se da en el marco del matrimonio y del pacto del compromiso, el efecto es sano y altamente recomendable pues tiende a crear un mayor nivel de intimidad en la pareja. Pero, como en el caso que nos ocupa, si el orgasmo es producido por cualquier perversión tipo pornografía, adulterio o prostitución, lo que genera es una alejamiento de la realidad que distancia al sujeto de los conceptos de intimidad y relación, mientras lo vincula con fantasías, y lo aísla en una soledad que intenta mitigar a golpe de más actividad sexual compulsiva. Si antes se generó una adicción psicológica, ahora lo reforzamos con una adicción biológica. Casi siempre van de la mano.

La fusión sexual

Este es otro aspecto que añade otro «suma y sigue» a las consecuencias del pecado. En la liberación y explosión de placer que produce el orgasmo, aquello a lo que estás mirando y con lo que te estás conectando, sea tu esposa, pornografía, u otra mujer, queda pegado a ti y tú a ella, en lo que se llama la fusión sexual. Parte de tu intimidad más profunda, sensible y privada, se expone en toda su vulnerabilidad. Si es con tu pareja, produce intimidad, si es una relación ilícita produce cuando menos, vacío, y en la mayoría de los casos sentimientos de culpa. La fusión sexual fuera del matrimonio es una violación de tu identidad e intimidad que se desparrama sin control.

¿Se derramarán tus fuentes por las calles, y tus corrientes de agua por las plazas?[20]

---

[20] Prov.5:16.

*Degradación moral y espiritual. Violamos nuestra
identidad como hijos de Dios*

*Más a todos los que le recibieron, a los que creen en Su Nombre,
les dio potestad de ser hechos hijos de Dios*[21]. Esa es nuestra identidad, ser Hijos de Dios. Cuando somos conscientes de esa realidad y vivimos de acuerdo a nuestra identidad, se cumple la siguiente regla: «La identidad genera autoridad». Es decir, cuando cumplimos con nuestros roles como esposos, como padres, como hijos de Dios en cada responsabilidad asignada, estamos en obediencia a nuestra identidad de hijos suyos, somos íntegros y por tanto se genera de forma natural el poder de la autoridad. Es como un motor interior que nos provee la energía de lo correcto, la fuerza interior de sabernos en Su voluntad y por tanto la capacidad para vencer la tentación. Cuando no estamos en obediencia no tenemos autoridad, nuestra fortaleza interior queda al descubierto frente a los ataques del enemigo, hay un descenso de nuestra autoestima en todas las áreas y nos sentimos débiles, influenciables, sin propósito, sin fuerza.

En las esferas espirituales está el aspecto más real de nuestra lucha contra el pecado. Nos referimos a textos como Efesios 6 y la lucha no contra *carne y sangre, sino contra principados, potestades... huestes espirituales de maldad en las regiones celestes*, así como a II Cor.10:4, donde se nos menciona que *las armas de nuestra milicia no son carnales, sino poderosas en Dios para la destrucción de fortalezas*. Satanás junto con sus demonios obtiene permiso legal sobre nuestras vidas cuando consentimos con el pecado. Entonces nos ata y nos oprime mediante una fortaleza espiritual. Esto es muy importante, ya que si bien el creyente no puede ser poseído por un demonio, si puede ser altamente influenciado y establecer en nuestra alma fortalezas que condicionen nuestros pensamientos, sentimientos y voluntad.

---

[21] Jn.1:12.

Ya hemos visto y conocemos la dinámica del pecado y su proceso degradante en el hombre en general y en el creyente en particular. Ahora nos toca conocernos a nosotros mismos como seres personales, darnos cuenta de cómo somos, cuáles son nuestras fortalezas y nuestras debilidades. Las consecuencias del pecado afectan e infectan de forma integral la totalidad de nuestro cuerpo, alma y espíritu. Ahora debemos prepararnos para conocer las estrategias de defensa adecuadas.

En primer lugar debemos conocernos a nosotros mismos en nuestras debilidades. ¿Conoces tus situaciones de riesgo? ¿Sabes cuándo estás en terreno peligroso? ¿Cuáles son tus debilidades? ¿Conoces lo que te activa en ese motor interno de fantasías no permitidas? ¿Esas situaciones cuando sientes que se enciende algo muy fuerte dentro de ti? Fantasías que no debes alimentar, programas que no debes ver, sitios web donde no debes entrar, mujeres con las que no debes fomentar la relación. La madurez no consiste en ser perfectos, sino en andar en el camino hacia la perfección, y eso implica conocernos a nosotros mismos en nuestras áreas de debilidad, para entonces saber lo que no debemos ver, los lugares que no debemos frecuentar, las tentaciones que debemos evitar. Hay cosas de las que simplemente tenemos que huir (las obras de la carne) y otras que tenemos que perseguir (el fruto del Espíritu Santo).

En segundo lugar debemos conocer cómo operan «las ventanas del alma», nuestros propios ojos. Los hombres somos atraídos y seducidos sexualmente por lo que vemos, esa es nuestra principal llave de ignición sexual. Hemos hablado de la pornografía y otras perversiones evidentes y claramente reprobables en nuestra sociedad. Dado que la moralidad ha descendido tanto y podemos ver escenas sexualmente explícitas aun en películas o programas que no parecen malos en sí mismos, la pregunta es: ¿Obtengo gratificación sexual de eso? ¿Me aprovecho de la apariencia de normalidad con la que se nos presentan? Las sutilezas son estrategias del enemigo para ir poco a poco minando nuestra integridad. Ya lo hemos mencionado y lo repetimos por su importancia. Hay que hacer pacto con nuestros ojos no mirando con lujuria a ninguna mujer[22], y hay que entrenar nuestra mente *llevando cautivo todo pensamiento a la obediencia a Cristo*[23].

Después de conocernos a nosotros mismos y ser muy conscientes de nuestras áreas de debilidad, después de conocer las graves consecuencias del pecado en nuestras vidas, proponemos que para ser hombres de influencia y no hombres influenciables, debemos seguir una estrategia adecuada. Estrategia que planteamos en los siguientes cuatro puntos:

— Evitar la soledad y la ociosidad.
— Huir de la tentación.
— Apagar un fuego con otro fuego.
— Buscar la intimidad con tu pareja.

Estrategias de defensa

— **Evitar la soledad y la ociosidad.**

La soledad y la ociosidad pueden ser dos poderosos estimulantes para caer en la tentación sexual. Cuando por algún motivo tenemos demasiado tiempo libre y nos encontramos aburridos y sin metas claras, la mente es engañosa y nuestra carnalidad excesivamente «creativa». Es como si abriéramos la puerta, o bien a estados depresivos, o a factores de riesgo que nos aporten un poco de excitación, de adrenalina que venga a romper la aburrida monotonía. Dado que muchos hombres asociamos el trabajo con nuestra identidad, cuando lo

---

[22] Job.31:1.
[23] IICor.10:5.

perdemos y nos quedamos en paro, solemos vivirlo con más angustia que las mujeres, y nos volvemos más vulnerables. Ese es el peligro sobre el que la Palabra nos advierte cuando dice: *aprovechando bien el tiempo, porque los días son malos.* Entonces muchos hombres, buscando una satisfacción rápida a su situación de «insatisfacción», pueden sucumbir a la tentación y comenzar con fantasías y pensamientos lujuriosos, que les llevan a pornografía, masturbación compulsiva, relaciones ilícitas, adulterio, etc.

En la Biblia tenemos el conocido caso del Rey David quien en una ocasión se encontraba solo en palacio, pues no había ido a la guerra[24]. Al caer la tarde y después de una siestecita, David se levantó descansado y ocioso. De repente desde la azotea de palacio observó a una hermosa mujer bañándose. Seguramente su cuerpo esbelto y desnudo despertó en David un excitante interés que no supo detener a tiempo. Todo comenzó con una mirada, luego un pensamiento lujurioso, luego un acto de adulterio, luego el asesinato de Urías, el marido de Betsabé. ¿Te das cuenta querido lector? Todo comenzó con una mirada...

¿Somos conscientes del peligro y de la necesidad de no bajar la guardia? Pasemos el ejemplo a nuestro terreno cotidiano. Imagínate que estás en casa, en tu tiempo de descanso, o quizás aburrido y desalentado por cualquier motivo, y te sientas frente al televisor (*la terraza de palacio*). Tu esposa se ha ido a la cama y tú te quedas haciendo zaping o frente a la pantalla del ordenador. De repente y como por arte de magia, aparece la película erótica, o el canal abiertamente pornográfico (*Betsabé bañándose*). Estás solo, has tenido un día duro, con tu esposa el sexo no va bien..., te justificas y te crees merecedor de una pequeña gratificación. Por tanto te quedas en el canal pornográfico y acabas masturbándote... entras en oscuridad (*has matado*

---

[24] IIS.11

a Urías). ¿Sabes el significado del nombre de Urías? Quiere decir «la luz de Yahwe». Cuando pecamos es como si «matáramos» la luz de la cobertura divina y esta se apagara, dejándonos expuestos a los peligros de la oscuridad. Sobre esto, también la Palabra nos advierte muy, muy claro: *En la integridad de mi corazón andaré en medio de mi casa. No pondré delante de mis ojos cosa injusta*[25].

Ponemos otro ejemplo sobre los peligros de la soledad. Imagínate que por motivos de trabajo estás de viaje y al caer la noche te encuentras en la habitación de un hotel, solo. Coincide además que no estás fuerte en el área espiritual. Entonces cuando a los hombres nos falta la intimidad, es decir el hogar, la esposa, los hijos, lo cotidiano, aquello que en realidad constituye un vallado de protección, podemos caer en la tentación de buscar en la actividad sexual ilícita (pornografía, masturbación, etc.) una herramienta errónea para conectarnos con el placer momentáneo y «compensar» esa falta de intimidad y soledad por encontrarnos en un lugar extraño.

La siguiente estrategia para vencer la tentación sexual y ser hombres de influencia es:

— **Huir de la tentación.**

El sucumbir ante la tentación sexual es un arma que ha acabado con muchos matrimonios y ministerios. Los hombres ante la tentación sexual tenemos que usar la táctica de José en Génesis 39. Conocemos bien la historia, José al llegar a Egipto es asignado como esclavo en la casa de Potifar, oficial de la guardia de Faraón. Allí Dios le dio gracia y Potifar le hizo mayordomo de su casa confiándole todo lo que tenía (que desde luego no incluía a su esposa). Esta «puso sus ojos en José» y le

---

[25] Sal.101:2-3.

acosaba[26] cada día para que se acostase con ella. Seguro que la esposa de Potifar no era gorda, baja y fea, no, seguramente era del tipo 60/90/60. Una mujer atractiva reclamándote sexo apasionado, una y otra vez..., ¿qué hubieras hecho en momentos de debilidad y ante semejantes circunstancias? José, conocedor de su propia naturaleza y de sus impulsos, hizo lo correcto, ¡salió huyendo!, se apartó de la tentación lo más rápido posible pues probablemente sabía que si permanecía un minuto más frente a aquella seductora mujer, acabaría cediendo a sus deseos. Pero José era un hombre íntegro, y la culpa y la fidelidad a Dios, pudieron más que «el gozar de los deleites temporales del pecado»[27].

Todo hombre a lo largo de su camino se encontrará con «tipos» de lo que representa la esposa de Potifar, compañeras de trabajo con las que compartimos mucho tiempo, una vecina con la que charlamos de vez en cuando, la amable y atractiva camarera que nos sirve el café cada día en nuestro descanso laboral, etc. Aquí la huida es algo sutil, significa no coquetear con el pecado, no desplegar nuestras armas naturales de seducción, no dar pie a, no abrir la puerta y mantenernos «huyendo» de toda conexión con relaciones y amistades peligrosas.

Vamos con la tercera estrategia:

— **Apagar un fuego con otro fuego.**

Los bomberos para controlar determinados incendios forestales provocan fuegos selectivos y estratégicos para consumir el pasto, dejando trozos de tierra sin combustible ni maleza que queme, para así provocar el corte de las llamas y detener el avance del incendio. Es decir apagan un fuego provocando otro fuego. Como hombres sujetos a fuertes presiones sexuales,

---

[26] Nada hay nuevo debajo del sol. Esto es un claro ejemplo de *mobbing* o acoso laboral.
[27] He.11:25.

no podemos ser vencedores simplemente negando la tentación y dejando de hacer *lo malo*, esa es solo la primera parte. Para fortalecernos y obtener la energía de la pureza y el dominio propio, tenemos que pasar a hacer *lo bueno*, a cumplir la voluntad de Dios: *Porque la voluntad de Dios es vuestra santificación, que os abstengáis de inmoralidad sexual*[28]. Para ello es necesario que ante el fuego de la tentación, busquemos el fuego del Espíritu Santo, apaga un fuego con otro fuego, alimenta el fuego de tu relación con Dios y deja morir, por falta de pasto, el fuego de la inmoralidad sexual. No es suficiente con vaciar la casa y dejarla adornada, eso es dejar de hacer lo malo. Al mismo tiempo hay que llenarla de la presencia y de la santidad de Dios, eso es hacer lo bueno.

En nuestra lucha contra la tentación, es vital la búsqueda de un sano concepto de espiritualidad que nos lleve a la oración, a la lectura, a la guerra espiritual, a la búsqueda de consagración. La santidad es un asunto de cada día, cada día hay que pedir pureza, control, un día a la vez. Seamos hombres de verdad, reemplacemos los malos hábitos por otros buenos, fortalezcámonos en el Señor y en el poder de su fuerza. Ese es el camino y el Señor nos asegura en su Palabra que *el que ande en el camino de la perfección, este me servirá*[29].

La última de las estrategias que proponemos para ser hombres de influencia y vencer la tentación sexual es:

— **Buscar la intimidad con tu pareja.**

La intimidad es uno de los frutos principales del amor, pero al igual que el amor, son conceptos que se pueden describir pero son difíciles de definir, y por tanto las ilustraciones nos ayudan pues ya sabemos que «una imagen vale más que mil

---

[28] ITs.4:3 Biblia de las Américas.
[29] Sal.101:6.

palabras». En realidad no es una ilustración, es mi propia historia. Cuando recién comenzaba en los caminos del Señor pasé un año en Bélgica. Allí tuve la oportunidad de vivir durante todo el año 1989 en un Seminario Bíblico donde trabajaba de jardinero mientras recibía un discipulado y las primeras enseñanzas de la Biblia. Recuerdo a una pareja de misioneros ya jubilados que vivían en un ala muy bonita del edificio. Su apartamento tenía unas hermosas vistas al campus y dado que tenían tiempo y amor por los estudiantes, de vez en cuando los invitaban a cenar (incluido el jardinero).

Cuando traspasabas el umbral de aquel apartamento ocurría algo especial, te sentías inexplicablemente a gusto. Aquella pareja con tantos años de experiencia, te contaba acerca de sus vidas, los muchos lugares por los que habían estado a lo largo de su ministerio, sus luchas, sus vivencias, sus recuerdos. De vez en cuando se acariciaban o se miraban con ternura, y al final cuando te despedían, salías con una sensación de bienestar y armonía. Poco después ella falleció y el Sr. Moreland decidió regresar a Estados Unidos. Al año siguiente todos los estudiantes querían solicitar el apartamento que los misioneros habían dejado libre, (incluido el jardinero) pensando que su ubicación y las hermosas vistas, era lo que daba al lugar, aquel ambiente de paz y quietud que se respiraba. ¡Qué ilusos éramos!

Solo fue algunos años después cuando me di cuenta de que lo que hacía especial aquel lugar era el nivel de intimidad que los Moreland habían conseguido a lo largo de toda una vida juntos. La unidad, reforzada por una vida de experiencias y de amor demostrado y compartido, había dado a luz a la intimidad. Y dado que las bendiciones de Dios *no abundan* (cuando abundan son para ti, tú las recibes y te llenas) sino que *sobreabundan* (desbordan y se hacen evidentes para otros) nosotros las experimentábamos sin saber muy bien de qué se trataba. Aquellos que tuvimos el privilegio de compartir sus vidas fuimos impactados por el concepto que a Dios más le interesa resaltar como uno de los frutos principales del amor: La intimidad. Cuando hay un alto nivel de intimidad relacional, cuando la pareja se comunica, comparte, luchan juntos, disfrutan juntos, crecen juntos; entonces la sexualidad se vive en una dimensión más intensa y placentera, y como consecuencia, la intimidad se constituye en una barrera natural y espiritual para librarnos de las influencias y tentaciones sexuales.

Para aquellos hombres solteros, o que están solos por cualquier otro motivo, la búsqueda de la intimidad debe centrarse en tener un amigo o mentor. El concepto de la intimidad no compete en exclusiva al ámbito del matrimonio y es un antídoto natural contra los deseos pecaminosos que batallan en nuestra alma. Si el sexo depravado en cualquiera de sus manifestaciones implica soledad, egoísmo y aislamiento, la intimidad promueve compañerismo, generosidad en las relaciones y posibilidad de darnos a los demás para ser bendecidos. El mentor debe ser alguien con quien poder hablar a corazón abierto, normalmente será alguien mayor que nosotros y con más peso de experiencia, a quien daremos la libertad, porque le reconocemos autoridad, para aconsejar y aun amonestar o supervisar con amor nuestras vidas y mundo interior. Pero será el amigo de corazón, aquel a quien le contamos y nos cuenta sus triunfos, penas y luchas, con quien podremos establecer una intimidad tal como la de David y Jonatán, por la que «sus almas quedaron pegadas»[30].

Si cumplimos con estas cuatro estrategias para vencer la impureza sexual en nuestra vida, seremos hombres de influencia. Los hombres de influencia tienen que ser radicales, no podemos consentir con el pecado ni vivir en la frontera

---

[30] 1S.18:1.

115

de la mediocridad. No importa de dónde vengas, la Palabra es clara cuando dice que las cosas viejas pasaron y he aquí todas son hechas nuevas, o cuando nos advierte que no traspasemos el lindero antiguo ni entremos en la heredad de los huérfanos[31].

A modo de conclusión de este apartado diremos que contra los dardos del enemigo, contra las sirenas de una sociedad sexualizada, seamos hombres de integridad:

— Conscientes de las cuatro consecuencias del pecado.
— Conscientes de nuestras áreas de debilidad.
— Huyendo de la tentación.
— Buscando la intimidad y el compromiso con Dios (apaga un fuego con otro fuego).
— Buscando la intimidad y el compromiso con nuestra pareja.

4. Origen y propósito de la sexualidad

Este apartado hemos querido dejarlo para el final ya que nos interesa que el sabor que nos quede, sea el de la buena aplicación de la sexualidad y su origen divino, noble y puro. Debido a la fuerza y la atracción de una sexualidad desconectada, se hace necesario que el hombre ajuste su mente y convicciones a la total obediencia a Cristo, pues la lucha va más allá de un mero problema de «carne y sangre» entrando en las esferas de la guerra espiritual, como ya hemos visto.

El origen de la sexualidad nace con el origen del hombre, y responde a un problema de soledad expresado por Dios en Gn.2:18: *No es bueno que el hombre esté solo; le haré ayuda idónea.* Entonces Dios crea a la mujer como el complemento ideal para el hombre, es decir como una «ella» que le distingue de «él» le

---

[31] Paráfrasis de IICor.5:17 y Prov.22:28.

completa, y le diferencia, sustituyendo la soledad por compañerismo[32]. De forma que el propósito primario y principal de la sexualidad se expresa muy bien con la palabra «relación», pues la sexualidad fundamentalmente es cosa de dos, es entrega, es compartir, es intimidad. Por tanto la sexualidad tal como Dios la diseñó promueve relación, justamente lo contrario que produce una sexualidad sin principios divinos donde el egoísmo, la soledad y la culpa son sus únicos frutos. Dejamos claro que la sexualidad forma parte de la creación de Dios y que por tanto es buena en gran manera[33]. Nunca debemos olvidar los orígenes de la sexualidad y su limpieza moral, para no dejarnos influenciar por la fea copia en que la sociedad la ha convertido, más bien diríamos *pervertido*.

Sin embargo no solo el elemento relacional es el único propósito divino para la sexualidad, en realidad es la base sobre la que se asientan otros dos grandes propósitos. La procreación y la recreación. El pacto de compromiso matrimonial es el ambiente natural donde debe desarrollarse la sexualidad, y en cada uno de sus tres propósitos principales deben estar los ingredientes balanceados del placer y la entrega, del deseo y la ternura. El esquema podría quedar así:

Continuación de la raza: *Procreación*

La mejor expresión de la unidad: *Relación*

Generar placer y bienestar: *Recreación*

} **Propósitos de la sexualidad**

---

[32] La etimología de la palabra «compañerismo» deriva de «comer pan con».
[33] Gn.1:31.

Comprendiendo nuestras diferencias sexuales

Los propósitos mencionados persiguen la unidad relacional en la pareja. Pero esa unidad se da en una diversidad donde existen claras diferencias que, como hombres, debemos conocer. En el apartado de la diferenciación se mencionaron los rasgos psicológicos entre los géneros. Ahora mencionamos los rasgos biológicos y físicos, que debemos aprender a armonizar en la relación sexual.

En lo referido al deseo, el hombre logra la excitación más rápidamente por dos factores principales: Por un lado porque no suele asociar su estado emocional con su deseo, su sexualidad es más física que relacional, y por otro lado porque la cantidad de sangre que necesita para la erección del pene, es mucho menor que la que necesita la mujer para su excitación. En las mujeres la excitación no está tan focalizada como en el hombre, y se expresa en muchas partes de su cuerpo: a nivel vaginal se produce el ensanchamiento de los labios mayores y menores junto con la erección del clítoris y la lubricación vaginal. Los pechos aumentan de tamaño y los pezones se endurecen, y a nivel facial se produce un enrojecimiento de las mejillas y una subida general de la temperatura corporal. Queda claro que todo ello exige un aporte sanguíneo mucho mayor que en el hombre.

Además la mujer, sí condiciona su estado emocional a su deseo, pues ella implica en la relación sexual lo emocional y la calidad relacional, como el puente natural para abrirse en el resto de las áreas. Si la mujer se siente querida y amada, brotará de ella el deseo sexual de una forma natural. Sin embargo, por regla general los hombres vivimos una sexualidad más biológica y pulsional, reduciéndola en ocasiones, a algo meramente hormonal. Los hombres debemos ser sensibles a esta realidad en la sexualidad femenina.

De hecho esa facilidad en la conexión sensual con otras mujeres con las que no nos une ningún tipo de vínculo, es el gran problema, máxime cuando en la sociedad cada vez menos diferenciada genéricamente, y donde parece que se le da la vuelta a la tortilla en estos aspectos diferenciadores, muchas jóvenes hoy son las iniciadoras e incitadoras de relaciones sexuales desconectadas. Pareciera como que las nuevas tendencias e ideologías reivindicativas, en un intento por desmarcarse de roles tradicionales, confundieran estos, con principios inamovibles que pertenecen al diseño divino y no a asignaciones culturales. Desde luego la vergüenza, el recato, la prudencia y el pudor, no son aspectos culturales y rancios a superar, son inhibidores naturales diseñados por Dios en nosotros, para favorecer los conceptos de intimidad, compromiso, entrega y fidelidad mutua. Por diseño divino, el hombre normalmente *inicia* y la mujer normalmente *recibe*[34]; esto no es machismo, es voluntad de Dios. Que ocurra de otra forma en nuestra sociedad del «todo vale», no indica evolución o superación, sino depravación y alejamiento de la ética divina.

Como ya hemos mencionado, para la mujer las relaciones sexuales son un acontecimiento en el que se involucra la totalidad de la persona, no solamente un enfoque genital específico. Por eso es que la mujer necesita experimentar la comunión y el amor, como puente para conectarse con la sexualidad. Los hombres, por el contrario somos más físicos y biológicos. Por ello es necesario que para una buena comprensión del otro, sobre todo los hombres que solemos ser menos sensibles, conozcamos nuestras diferencias en este área tan vulnerable. Observemos el siguiente gráfico:

---

[34] Aunque bien es cierto que debido a la pasividad del hombre, muchas mujeres asumen el papel de iniciadoras en el aspecto sexual y en otros muchos.

	HOMBRE	MUJER
ORIENTACIÓN	Física, biológica	Relacional, global, psicológica
ESTÍMULO	Sexo	Afecto
NECESIDADES	Respeto, admiración	Amor, comprensión
RESPUESTA SEXUAL	Centrada en el cuerpo, la vista, las acciones	Centrada en la persona, las caricias, las actitudes, palabras
ORGASMO	Excitación rápida Difícil de distraer Corto, intenso Necesario para satisfacción	Excitación lenta Fácil de distraer Largo, profundo Posible satisfacción sin orgasmo

Nota para los hombres: prepara tu relación sexual

Los hombres, que tenemos tendencia a ir al grano y resolver la relación sexual en 10 minutos, debemos mentalizarnos de que la sexualidad con nuestras esposas, exige relación, y la relación exige tiempo. Para que se dé el encuentro sexual en su plenitud, no nos sirve el modelo pasional, breve e intenso con el que nos tiene acostumbrados la industria de *hollywood*[35]. Toda relación sexual con nuestras esposas, requiere de sensibilidad y ternura por nuestra parte. El encuentro sexual exige que los hombres tomemos conciencia de que para nuestras esposas la relación sexual necesita de todos los ingredientes de ambiente, tiempo, seguridad, ternura, palabras, o dicho de otra forma: intimidad sexual. Es cierto que en muchas ocasiones no hay tiempo y todo se da de forma «abreviada», por eso es

---

[35] Ese tipo de encuentros rápidos e intensos pueden darse ocasionalmente, pero deben ser la excepción y no la regla.

recomendable que puedan haber encuentros sexuales planeados por la pareja, sin prisas y donde puedan darse todos los aspectos mencionados.

¿Qué nos está permitido como creyentes en nuestra intimidad sexual?

La Palabra nos puede ayudar a la hora de establecer acuerdos y límites a nuestra intimidad sexual: ¿Hasta dónde una pareja puede llegar en su relación sexual? ¿Hay algo prohibido en la sexualidad marital? Hebreos 13:4 dice: *Honroso sea en todos el matrimonio, y el lecho sin mancilla.* La palabra «lecho» comparte la misma raíz griega utilizada para «coito», es decir, el texto nos está diciendo que en la relación sexual todo aquello que sea honroso para ambos, es lícito, mientras que todo aquello que hiera o mancille la sensibilidad de él o ella, no es lícito. Partiendo de un presupuesto ético donde se asume la santidad y la pureza sexual de ambos[36], podríamos decir que todo lo que para una pareja es honroso dentro del ejercicio de su sexualidad, es honroso también para Dios, y todo aquello que desagrada y denigra a alguno de los miembros de la pareja, es deshonroso para Dios. Esta regla está sujeta a la sensibilidad particular de cada pareja, pues lo que para unos puede significar una práctica agradable (por ejemplo el sexo oral) para otros puede resultar repugnante. En la privacidad de la alcoba y bajo la santidad moral como creyentes maduros, cada pareja decide los acuerdos de su intimidad sexual.

Bien. Hasta aquí llega la primera parte del libro donde hemos *identificado* los distintos aspectos que partiendo del mar-

---

[36] Nos referimos a que aspectos como la pornografía, el sexo anal, el sadomasoquismo, no pueden entrar dentro de la libertad moral de un cristiano, aunque ambos estén de acuerdo. Parece lógico ¿verdad? Lo mencionamos por si acaso...

co adecuado de la antropología bíblica, han ido desviando la identidad y el propósito de lo que implica ser hombre. Aspectos como el desarrollo de una cultura alejada de las reglas divinas, donde se han perdido los amortiguadores naturales que constituían los ritos de transición, necesarios para un proceso de maduración en el hombre. Aspectos como la confusión y fusión de género, que han desorientado la identidad del varón y han provocado una pérdida importante en los objetivos y propósitos para una masculinidad bajo el diseño divino. Finalmente hemos trabajado el problema de una sexualidad desconectada y pervertida y la necesidad de conocernos a ese nivel. Hemos identificado los principales frentes de batalla con los que todo hombre tiene que lidiar, una vez establecido el marco teológico en el que debe darse una sana relación sexual, y una vez fijado el hecho de la santidad del sexo y su origen divino, ahora, vamos con la segunda parte.

PARTE II
Definiendo: Las causas

CAPÍTULO 6

VI. Origen y desarrollo de la crisis de la masculinidad

Si analizamos a vista de pájaro la historia sobre el tema de la crisis de la masculinidad, encontramos la concatenación de una serie de hechos que desde el inicio de Génesis, se han ido desarrollando como un virus, y que a día de hoy podríamos catalogar de auténtica epidemia. Es evidente que el ataque al rol del hombre forma parte del plan del enemigo para destruir la institución de la familia, empezando por su cabeza. En la primera parte del libro hemos visto mucho de esto, identificando las debilidades y fortalezas sobre lo que implica ser hombre desde el punto de vista teológico, antropológico y cultural.

A partir de ahora y en esta segunda parte, vamos a identificar y analizar los hechos y movimientos históricos que desde otros aspectos, persiguen el mismo fin: anular el papel del hombre, y destruir así la familia como célula básica de la sociedad. Comenzamos analizando lo que ya en el contexto de

Génesis sería el primer golpe de espada que inocula el veneno de la pasividad en el hombre, para ir recorriendo los distintos movimientos y corrientes culturales, que a lo largo de la historia han ido debilitando el rol del varón, hasta llegar a nuestros días.

1. En el principio: *La pasividad de Adán*

Nos situamos en el contexto de la creación, concretamente en Gn.3, y a las puertas del pecado. El escenario es el jardín del Edén y los actores principales Satanás, Eva y Adán. ¿Dónde estaba Adán cuando Eva tomó del fruto prohibido? ¿Quién pecó primero? Bueno, reconocemos que son preguntas muy abiertas y quizás deterministas, pero tradicionalmente siempre se ha entendido que es la mujer quien cede primero a la tentación al tomar la iniciativa de comer del fruto prohibido. Sin embargo, no debemos perder de vista que la advertencia de no tomar del fruto prohibido le es hecha a Adán en Gn.2:16-17, cuando ni siquiera la mujer había sido aun creada, cargando así sobre el hombre la primera responsabilidad de advertir a la mujer que no comiera de dicho fruto. La Biblia de las Américas dice explícitamente en Gn.3:6 que: *la mujer tomó del fruto y comió; y dio también a su marido 'que estaba con ella', y él comió*, por tanto Adán en lugar de asumir su responsabilidad opta por no implicarse, accediendo además a comer con ella.

Quién sabe, si en realidad quizás la mujer fue un instrumento en manos de la serpiente para anular al hombre y su papel de cabeza. Larry Crabb en su libro *El silencio de Adán* desarrolla la teoría de que ese germen de falta de implicación y asunción de responsabilidades por parte de Adán, ha pasado al corazón de todo hombre que desde entonces lucha con una tendencia natural al silencio, al aislamiento y a no implicarse lo suficiente en su matrimonio y familia. La mujer fue engañada, el hombre fue neutralizado, y en el seno de la primera familia de la historia se rompe el ideal divino, y aparece el pecado. Poco a poco, el virus de la pasividad se extiende entre los hombres, muchos de ellos hundidos en una progresiva falta de fuerza vital, en un ambiente de soledad, aislamiento y egoísmo. Esta mezcla de apatía y escapismo inmaduro da lugar a un profundo malestar psíquico que se sintomatiza en sus extremos, con situaciones de estrés, depresiones, ira, frustración y violencia.

En resumen, la pasividad de Adán en Gn.3 es el comienzo del fracaso de todo hombre, que lucha con un silencio profundo, ancestral, que hunde sus raíces en la estrategia del enemigo para anular nuestra autoridad como cabezas del hogar. ¿Qué otras causas siguieron favoreciendo la crisis de la masculinidad?

2. Ausencia de estructuras de autoridad

Una de las consecuencias de Génesis 3, provocó la necesidad de crear estructuras de autoridad. Necesidad generada por la falta de responsabilidad, que entre otras cosas, causó el pecado. Cuando el hombre y la mujer toman del fruto prohibido, la relación consigo mismos, con Dios y entre ellos, se rompe y desvirtúa con la entrada de los frutos del pecado: muerte, miedo y dolor[1]. Cuando Dios le pide cuentas a Adán sobre si ha comido del fruto prohibido, este acusa a Eva y ella acusa a la serpiente. La psicología del pecado está presente y ninguno quiere asumir su parte de culpa y responsabilidad.

---

[1] Ya Dios había advertido a Adán que el día que comiera del fruto prohibido, moriría (Gn.2:17). Ro.6:23 declara que la paga del pecado es la muerte, en Gn.3:10 y justo después de pecar, Adán experimenta por primera vez el miedo y la vergüenza frente a Dios. Más adelante en los v.16 y 17 Dios declara que la mujer dará a luz a los hijos con dolor y que el hombre trabajará la tierra con dolor.

Desde entonces se han hecho necesarias las estructuras de autoridad que nos ayudan a asumir nuestros deberes y nos colocan en una sana jerarquización que nos hace a todos iguales frente a Dios pero con distintas responsabilidades. En el plano de las relaciones de pareja, Dios establece que el hombre ha de ser *cabeza*, no como privilegio sino como responsabilidad, y la mujer ha de *sujetarse*² al hombre, en las mismas condiciones. *(¿No suena muy popular hoy en día verdad?).* Sin embargo en su correcta interpretación, esa es la voluntad de Dios y en ella se dignifica tanto al hombre como a la mujer en un plano de absoluta, repito, absoluta igualdad.

Las estructuras de autoridad se dan en todos los ámbitos de la vida y sirven para regular las relaciones y organizar las sociedades dentro de un orden. En las carreteras existen estructuras de autoridad que son los policías a los que tenemos que saber sujetarnos y obedecer, para que el tráfico funcione. En los pueblos existen estructuras de autoridad que son los ayuntamientos, necesarios para regular, advertir, ayudar, sancionar y proteger la vida de los ciudadanos. Y en las familias deben existir unas estructuras de autoridad formadas por los esposos, que se deben respeto y apoyo mutuo cada uno en sus distintos roles, y también formadas por la pareja misma en su papel de padres hacia sus hijos. Estar «bajo autoridad» y obedecer, unido a estar «en responsabilidad» y dirigir, son los polos opuestos pero complementarios, que cimentan la estructura de una personalidad estable y de relaciones saludables.

Hace apenas 30 años en la mayoría de los pueblos y barrios de las ciudades, existían al menos tres estructuras de autoridad que nadie cuestionaba y que cumplían su función: el hogar, la

---

² Esta palabra suena un poco desafortunada pues se puede asociar con servilismo y voluntad subyugada a la del marido. Nada más lejos de la realidad, aunque también por desgracia así se entendió por siglos en una errónea interpretación del texto bíblico.

escuela y la iglesia. En el hogar desde luego no se cuestionaba la autoridad de los padres, simplemente se asumía y se obedecía. En la escuela, el maestro era «Don Pedro o Dña. Rosa» y nadie ponía en duda su posición de liderazgo ni le faltaba al respeto. En la iglesia lo que decía el sacerdote[3] y nunca mejor dicho, aplicando la frase tan popular, «iba a misa». Bien es cierto, que en muchos casos era una autoridad mal ejercida bajo la ley de «aquí se hace lo que yo digo y punto» y que sobre esa premisa se han cometido verdaderas atrocidades[4], pero eso no invalida el ejercicio legítimo de una autoridad equilibrada.

De forma que, partiendo de estos dos aspectos estructurales que se dan en Génesis, la pasividad del hombre y la ausencia de estructuras de autoridad, el rol del hombre irá diluyéndose en la corriente de los movimientos culturales y distintos acontecimientos históricos, como ahora veremos.

3. La Revolución Industrial, las guerras mundiales, las dictaduras del s. XX

En la estructura familiar dentro de la cultura judía, era la madre la que educaba al niño hasta los 6 ó 7 años de edad cuando pasaba a la tutela del padre del que aprendía el oficio familiar (el propio Jesús aprendió de su padre el oficio de carpintero). Los niños pasaban mucho tiempo con sus padres. En muchos casos el ir a trabajar era simplemente cambiar de habitación en la propia casa, para trabajar en el oficio familiar (herrero, platero, carpintero, zapatero, curtidor etc.), o bien en las labores de agricultura de subsistencia, vinculadas al clan

---

[3] En la España de hace 30 años la religión mayoritaria por imposición del estado era la católica.

[4] La ética castrense que el dictador Francisco Franco normalizó a nivel social y familiar, tenía como eje central un principio de autoritarismo e intolerancia, que sigue causando dolor medio siglo después de aquella oscura etapa de España.

familiar. Por generaciones así fue como vivían las familias. A pesar de la pobreza y las carencias, había cierta estabilidad en el plano psicológico, no había crisis de identidad, los jóvenes crecían con un modelo familiar donde estaban claras las responsabilidades y roles de cada miembro[5].

Esa sólida estructura familiar que había permanecido por generaciones dando sentido de continuidad a las familias, se rompe con la llegada de la Revolución Industrial en el siglo XVIII. La Revolución Industrial cambia el patrón familiar de manufactura artesanal, por las fábricas especializadas y la producción en serie. Comienzan las grandes factorías y la necesidad de trabajadores que empiezan a ausentarse de sus hogares cada vez más tiempo. Como en las ciudades había mucha mano de obra y estaban las grandes estaciones de ferrocarril para el transporte terrestre, o los puertos para el transporte marítimo, las fábricas empiezan a asentarse en los extrarradios creando a su alrededor las grandes barriadas o cinturones industriales: más producción, más demanda, más tiempo fuera de casa, ausencia del papel paterno... El hombre comenzó a estar más ausente que presente.

En pocos años el hombre pasó a ocupar y dominar el mundo exterior como «productor y proveedor», mientras que la mujer limitó su acción al mundo interior de los suyos como «reproductora y cuidadora» del hogar. Doscientos años después comenzarían palabras como: crisis de identidad, desestructuración familiar, estrés, etc. Al respecto Robert Bly apunta:

El padre como fuerza viviente en el hogar, desapareció cuando las exigencias de la industria le obligaron a emigrar a los centros de producción[6].

---

[5] Los problemas a enfrentar eran más de supervivencia, enfermedades, falta de medios y pobreza.

[6] BLY, Rober. *Iron John, Una nueva visión de la Masculinidad.* GAIA EDICIONES, Madrid, 1998, p.101.

En esas circunstancias laborales el trabajo ya no tiene, en la mayoría de los casos, el elemento creativo de la labor artesanal. El hombre pasa simplemente a engrosar la cadena de producción en una cadencia monótona y mecánica. El hombre se queda vacío y en muchos casos frustrado, y cuando regresa al hogar, sus hijos y su esposa reciben *su temperamento* pero no *sus enseñanzas*. No hay nada que enseñar, la fuerza creativa se ha extinguido aplastada por máquinas. El «hombre artesano» comenzó a ser sustituido por el «hombre robot», que no aporta genio, solo repite y reproduce sin añadir nada, no es generativo, solo mecánico y autómata. Tristemente para muchas generaciones de hombres, la Revolución Industrial supuso una involución personal.

Desde entonces la identidad masculina sufre un duro golpe, pues si hasta ese momento la identidad del hombre, su rol principal, estaba en el hogar (el trabajo artesanal en el hogar con la manufactura familiar donde el padre enseñaba a su hijo no solo el oficio, sino los valores de vida y la ética del trabajo), a partir de la Revolución Industrial, la identidad o el rol principal del hombre pasa a ser o a medirse en términos de vinculación laboral y productividad. Ya lo hemos mencionado y lo repetimos por su importancia, el modelo acuñado es el del hombre que domina el espacio público, exterior, mientras que la mujer se limita al espacio privado del hogar y la crianza de los hijos. El problema es que en realidad fue el espacio público en el terreno laboral, quien dominó y subyugó al hombre, copando la mayor parte de su tiempo y energías.

Pasamos a otros factores que siguieron abriendo la brecha en la crisis de la masculinidad: las guerras mundiales y las dictaduras del siglo XX.

Las guerras mundiales. Los conflictos bélicos y las guerras civiles y aún mundiales que siguieron a la Revolución Industrial del siglo XVIII, continuaron marcando la distancia del hombre con respecto a su hogar y familia. Si la Revolución Industrial trajo distanciamiento físico por ausencia del hogar, las guerras mundiales y civiles trajeron distanciamiento emocional por ausencia de expresividad interior. Vamos a explicar esto. Millones de hombres que acudieron a las grandes confrontaciones mundiales, al encontrarse en el frente de batalla tuvieron que desconectar sus sentimientos y cerrar su plano emocional, como un mecanismo psicológico de defensa para poder soportar los horrores de la guerra y el impacto de tener que matar a otros seres humanos[7].

El problema es que cuando esos hombres (los que no fueron masacrados) volvieron del frente de batalla a sus hogares, siguieron desconectados emocionalmente. Muchos, aparte de graves secuelas psicológicas, fueron incapaces de expresar sus emociones y sentimientos, replegándose a su mundo interior, y reforzando todavía más la ausencia del plano afectivo, tan necesario para sus esposas e hijos. Al mismo tiempo, si por un lado la Revolución Industrial y su sistema competitivo de producción alentó que el hombre viera en su compañero de trabajo un competidor al que superar, las grandes confrontaciones mundiales alentaron que el hombre viera a su semejante como un enemigo al que combatir. La rivalidad trajo desconfianza. Entonces el hombre se cerró cada vez más en su mundo interior. Se defendió, se alejó, se distanció. El hombre debía ser duro, inflexible, agresivo y desconfiado, preparado para poder sobrevivir en el hostil mundo exterior, pero inhabilitado para hacerlo en su propia parcela del hogar y la familia.

Las dictaduras del siglo XX. El franquismo y su nacional catolicismo en España, al igual que cualquier dictadura militar en Latinoamérica u otra parte del mundo, acuñaron un

---

[7] Aparte de que también millones de hombres murieron en esas confrontaciones mundiales, dejando generaciones de viudas y huérfanos que crecieron sin esposo ni padre.

concepto de hombría basado en la ética castrense y militar: «El hombre no se queja, los hombres no lloran», «Estamos preparados para aguantar y sufrir». Ese concepto tan militar de hombre duro, se traspasó a la vida civil y favoreció que varias generaciones de hombres llegaran a creer que necesitar a alguien, que mostrar algún tipo de carencia, era un signo de cobardía y una muestra de debilidad, y entonces elegían el silencio y la represión de sentimientos.

En el servicio militar, obligatorio en muchos países hasta hace no tanto tiempo, se siguió reforzando el modelo hegemónico tradicional de hombría. Si a esto sumamos que en los hombres se siguió reforzando la faceta de competencia y rivalidad en lo laboral, vemos que el espíritu competitivo y de desconfianza se marcaba en todos los frentes masculinos. Todos estos aspectos, unido a todo lo visto hasta ahora, dieron como resultado que varias generaciones de hombres cumpliesen las siguientes características propias de un modelo machista:

— El poder, la agresividad, la competencia y el control, son esenciales como pruebas de masculinidad.
— La fragilidad, los sentimientos y las emociones en el hombre, son signos de debilidad femenina y deben evitarse.
— El autocontrol, el dominio sobre los otros y sobre el medio, son esenciales para que el hombre se sienta seguro y capaz.
— El pensamiento racional, lógico y resolutivo del hombre, es la forma superior de inteligencia para enfocar cualquier problema.
— La sexualidad es el principal medio para probar la masculinidad, la sensibilidad y la ternura son consideradas femeninas y deben ser evitadas. El sexo implica la dominación del macho.
— El éxito en el trabajo y la profesión son indicadores de la masculinidad y garantes de una identidad adecuada.

— La autoestima se apoya primariamente en los logros y éxitos obtenidos en la vida laboral y económica. El hombre continuamente debe demostrar que es capaz.

Estas fueron las formas «tradicionales» del machismo heredado, que empezaron a resquebrajarse con la llegada de la postmodernidad allá por los años 80. Hoy en día el modelo de hombre metrosexual y heterogay, el nuevo concepto de masculinidad, navega en aguas opuestas y comparte las características contrarias, como ya hemos visto en los distintos «tipos» del hombre actual.

Al mismo tiempo y a mediados del siglo XX la aparición del fenómeno mediático de la TV y su normalización en cada hogar, favoreció que el concepto de masculinidad siguiera vendiendo la imagen del «hombre duro» debido a que hemos sido educados por la cultura de ese prototipo de personajes. Hombres que tienen en común la rudeza, las pocas palabras, la acción violenta. Todos unidos por el lema: *Yo solo me basto, no necesito a nadie.* Muchos de nosotros recordamos los modelos de hombre que Hollywood nos ha vendido, desde John Wayne, del que ya hemos hablado, aquel vaquero que entraba al salón para beberse de un golpe su vaso de whisky y resolver sus problemas con una buena pelea o un certero disparo, hasta Terminator, pasando por Rambo y Rocky Balboa, modelos que perpetuaron el mismo paradigma de hombre duro.

Hace años estuvimos en Filadelfia, la ciudad donde se rodaron las películas de Rocky. Visitamos el museo donde el protagonista, encapuchado y en sudadera, se entrenaba subiendo una larga fila de escalones en uno de los momentos más álgidos del film. Cuando llegaba arriba se daba la vuelta y afirmando sus pies en el suelo, alzaba las manos en un signo de victoria, mientras la banda sonora llenaba el momento de gloria y emoción. Pues bien, cuando llegas al final de los largos escalones que dan acceso al museo, las huellas en bronce de Rocky están allí como recuerdo de aquel momento especial. ¿Sabes que hacen muchos hombres? Si claro, suben corriendo y al llegar arriba ponen sus pies sobre las huellas de bronce y viven su minuto de gloria como hombres triunfadores. ¿Legítimo? Por supuesto, pero deberían haber otros modelos donde los hombres pudieran identificarse.

4. El movimiento hippie, la revolución sexual, el feminismo radical

La era moderna, industrializada, competitiva y cada vez más despersonalizada, unido al capitalismo feroz, al aumento del proletariado y la lucha de clases sociales, provocó que amplios sectores de una juventud idealista, muy desencantada del «statu quo» y de una sociedad hipócrita y aburguesada, comenzaran su propia revolución. Surge en Estados Unidos el movimiento hippie, en Europa el mayo del 68 francés, la revolución sexual, el estilo de vida naturista pacifista y nudista, la vida en comunas y las filosofías orientales.

La familia y el matrimonio, mayoritariamente eclesiástico, se asoció al concepto de burguesía acomodada y religiosa, mantenedora de una hegemonía patriarcal y opresora, a la que había que denunciar y superar. De esta forma todos los movimientos contraculturales mencionados, unidos a la lucha del proletariado, iban asociados a ideologías marxistas, liberales y anarquistas, que veían en la familia mal llamada «tradicional», el reducto de una sociedad hipócrita, victoriana y rancia que había que combatir y superar. Hay que reconocer que todos ellos, en principio aportaron frescura y aires de libertad, pues partían de reivindicaciones legítimas de base. Había mucho que denunciar en derechos humanos, libertades esenciales, regímenes dictatoriales, guerras sin sentido, capitalismo feroz y doble moral religiosa. Sin embargo muchos de esos movimientos radicalizaron y politizaron sus reivindicaciones. Entre otros muchos aspectos, esto provocó la desintegración de todos los elementos normativos de la familia natural y bíblica, que ciertamente se asociaba a una institución mantenedora de un status que se quería superar.

Es decir, los frutos envenenados de todos esos movimientos, en principio con reivindicaciones legítimas que luego se pervirtieron, fueron los siguientes:

— El machismo histórico se sustituye por las reivindicaciones del feminismo radical.
— La revolución sexual de la píldora y la moral desinhibida.
— La normalización del divorcio como una conquista social.
— El aborto como derecho fundamental y personal.
— El matrimonio como una unión libre no sujeta a cláusulas legales.

En cuanto al movimiento feminista, surge en los años 80 con la revolución sexual y la emancipación de la mujer. Empezó, como el resto de movimientos, siendo algo positivo y con reivindicaciones legítimas, que buscaba liberar a la mujer de una opresión histórica. Es cierto que históricamente el papel de la mujer ha estado siempre supeditado a la voluntad arbitraria del hombre, y sus derechos sociales claramente recortados. Aun bajo la tradición judeocristiana y debido a una lectura legalista y manipulada del texto bíblico, la mujer ha sido menospreciada en su dignidad como ser humano y su valía como persona[8], lo que ha contribuido a la mayor radicalización de los colectivos feministas. La ira por haber permanecido oprimidas por siglos, degeneró en un enfrentamiento con el género mas-

---

[8] La desafortunada oración de un judío ortodoxo era la siguiente: *Señor te doy gracias porque no me has hecho perro, ni gentil, ni mujer.*

culino y una lucha por imponerse como el nuevo sexo fuerte, promoviendo la rivalidad de género y considerando al hombre como un oponente a superar.

Estos cambios favorecieron el que la mujer rechazase determinados aspectos de sí misma, propios de su personalidad y naturaleza femenina, para desarrollar aspectos más acordes con los del hombre, en un intento de equipararse o parecerse a él, sin entender que la igualdad se refiere a trato y consideración, no a condición de género. Y desde luego, no a adoptar las mismas pautas erróneas, propias de un machismo histórico a superar, que no a imitar. Aquí comenzó a gestarse la ideología de género y la cultura postmoderna del «todo vale».

Al mismo tiempo estas transformaciones sociales de base, provocaron que el papel del hombre se desdibujara considerablemente. Debía abandonar los rancios estereotipos de un modelo masculino machista y obsoleto, para apoyar las justas reivindicaciones de la mujer que luchaba por reubicarse en el nuevo escenario social. Todo ello en medio de la confusión y desorientación de no tener claro cuáles son sus nuevos paradigmas. Era evidente que debía «salir» pero ¿hacia dónde?

A lo largo de este punto sobre el origen y desarrollo de la crisis masculina, hemos observado como desde la pasividad de Adán, que relegó al hombre de su principal papel de cabeza a una búsqueda solitaria de su identidad «fuera del hogar», pasando por la pérdida de las estructuras de autoridad, por la pérdida de su papel de esposo y padre debido a la absorción laboral desde la Revolución Industrial, por la pérdida de generaciones de hombres, bien por su muerte en el frente de batalla o por su mayor aislamiento emocional al regresar de la grandes confrontaciones mundiales, el género masculino llegó al s. XX de los hippies, la revolución sexual, el feminismo y las políticas castrenses, arrastrando su particular crisis de identidad. Desde entonces los hombres han tratado de recuperar su autoridad desde postulados equivocados, evidenciando una auténtica desorientación en su identidad y una ausencia de roles sanos y normativos de una masculinidad equilibrada.

CAPÍTULO 7

VII. Causas históricas en la ruptura de los ritos de transición masculina

Las sociedades y culturas más ancestrales siempre han transicionado por determinados ritos de paso que convertían al niño en adulto, al joven en hombre. Sobre esto ya hemos hablado cuando mencionamos la ruptura en las etapas de afirmación masculina, propias de las culturas tribales ancestrales. Este punto es importante porque a partir de los distintos movimientos sociales desde la Edad Media y hasta la postmodernidad o ultramodernidad, se han ido fragmentando y disipando todos los ritos de transición masculina, que eran los últimos vestigios del orden natural, y por lo tanto del orden creacional y por lo tanto del orden divino. En ellos se garantizaban los valores de lealtad, el respeto a las figuras de autoridad, los códigos de honor, y en definitiva la maduración de niño a hombre; reforzando también el sentido de responsabilidad hacia la integración en el clan o tribu, pues se pasaba de la estructura familiar del hogar, a la plena participación en la comunidad.

En realidad la Edad Media fue el puente que comenzó a separar ambos mundos, la edad antigua y la edad moderna, que comenzaría, como ya hemos visto también, con la Revolución Industrial. En la Edad Media todavía se conservaban determinados ritos de paso a la masculinidad. Dos de los grandes caminos a los que podía aspirar un joven para huir de la miseria en aquellos tiempos, eran la carrera monástica o la carrera militar. Quienes no podían acceder a tales privilegios, quizás malvivían o subsistían, pero lo hacían desde hogares bajo el concepto de manufactura familiar y oficio heredado, que aún permitía, a pesar de la miseria de la época y al menos en las familias con una ética cristiana sana, conservar la estructura familiar y sus valores.

En el caso de la carrera militar y las órdenes de caballeros, se contaba con claros rituales iniciáticos de transición para ir completando el proceso. El joven que aspiraba a ser caballero iniciaba su camino pasando por tres etapas bien definidas que le iban preparando. Hacia los 7 u 8 años se convertía en paje de armas y dejaba la casa familiar para vivir en las posesiones de un señor feudal y aprender todo lo concerniente al oficio de caballería durante unos 6 años. Sobre los 14 se convertía en escudero acompañando a su señor y sirviéndole tanto en los aspectos militares como en los domésticos. A la edad de 21 años y habiendo demostrado su valía, el paje se convertía en caballero. Esa ceremonia de ordenación como caballero constituía la graduación de su auténtica hombría. Durante toda la noche anterior y en la soledad de una capilla, el candidato ayunaba y velaba en oración. Al alba y después de bañarse, asistía a su ordenación como caballero, para lo cual hincando rodilla en tierra, recibía uno o varios golpes de espada en su espalda, mientras pronunciaba un juramento de lealtad y recibía sus propias armas.

Así fue hasta la Reforma Protestante del siglo XVI, el Renacimiento y el inicio de la modernidad. La Edad Media aún conservaba ritos de paso definidos que con la llegada de los nuevos movimientos sociales se fueron disipando, sustituidos por otros paradigmas más «modernos». Sí, es cierto que el oscurantismo de la Edad Media debía ser rebasado, pero no al punto de privar a la nueva cosmovisión de elementos legítimos para una homosocialización adecuada. La mejora del nivel y la esperanza de vida, se produjo a costa de una secularización de la sociedad y de un cuestionamiento de toda moral religiosa teocentrista, que ciertamente presentaba una imagen absolutista y rancia de Dios. El hombre al «evolucionar» se supone que superaba los prejuicios religiosos entrando en un nuevo concepto más racional e independiente, y menos mitológico y trascendente, a la hora de definirse.

1. La Reforma Protestante: *La secularización de lo sagrado*

Con la llegada del Renacimiento en el siglo XVI, los nuevos aires de renovación y apertura llegan también al seno de la Iglesia, donde la situación de deterioro y corrupción se hacía francamente insostenible. La Edad Media había supuesto una época de superstición y oscuridad donde todo lo mistérico, simbólico y ritualista había derivado a su vertiente oscura y negativa. Dado que la religión gobernaba todo, la opresión y el rechazo popular eran evidentes frente a los excesos que se cometían desde el clero dominante. Maxwell recoge el ambiente de la época y la necesidad de un cambio:

La celebración de la Cena del Señor se había convertido en un espectáculo dramático, que culminaba no en la comunión sino en el milagro de la transubstanciación, y que estaba señalado por la adoración, no exenta de superstición, en el momento de la elevación. Dicho en forma inaudible, en una lengua desconocida, y rodeado de un ceremonial ornamentado y, en el caso de las misas cantadas, con un acompañamiento musical elaborado, el rito presentaba una magra ocasión para la participación popular. La congregación no era alentada a comulgar más de una vez al año. El sermón había caído en una grave declinación, ya que la mayor parte de los curas párrocos eran demasiado ignorantes para predicar, y el lugar de las lecciones de las Escrituras había sido usurpado en muchos días de fiesta por pasajes de las vidas y leyendas de los santos. Las Escrituras no eran completamente accesibles en los idiomas vernáculos, y las misas e indulgencias pagas eran una fuente de explotación simoníaca. La Reforma era una necesidad urgente[1].

La Reforma Protestante fue necesaria y legítima. Supuso una bocanada de aire fresco y puro. Sin embargo en un intento de recuperar las fuentes originales del cristianismo y de despojar a la iglesia de todo el peso de elementos mistéricos y aún esotéricos, se redujo tanto el culto y su riqueza ceremonial adulterada, que se le privó de todo elemento simbólico legítimo. Como dice el refrán: *Con el agua de la bañera se tiró también al niño.*

Esa des-sacralización de la vida cúltica marcó un baremo que traspasando lo puramente religioso acuñó en la sociedad de la época el concepto de que había que romper con todo lo que evocara a símbolos o a ritos, pues la experiencia de esos elementos había sido vivida desde su vertiente ritualista y oscura. Se ignoró el lado sagrado de lo simbólico, donde la experiencia, el espacio, el ritual, «hablan bien» siendo poderosos y legítimos comunicadores de lo representado. Por todo esto, cuando llevamos ese pensamiento y forma de entender la vida al ámbito que nos ocupa, es decir a los procesos rituales legítimos que marcan etapas de crecimiento y estadios de madurez en el ser humano, comprobamos que se siguió el mismo mo-

---

[1] MAXWELL, William. *El culto cristiano.* METHOPRESS, Argentina 1963, p. 91.

delo de la Reforma, y hasta podríamos hablar de una reforma «antropológica» que privó al hombre de su proceso sagrado y de transición ritual.

Es posible señalar el trasfondo histórico de la declinación del ritual de iniciación. La Reforma protestante y la Ilustración fueron movimientos de gran repercusión que 'tuvieron en común el descrédito del proceso ritual'. Una vez desacreditado el ritual como proceso sagrado y transformador, lo que nos queda es lo que Victor Turner denomina mero ceremonial, que carece del poder necesario para lograr una auténtica transformación de la conciencia. Al desconectarnos del ritual, hemos acabado con los procesos mediante los cuales hombres y mujeres lograban su identidad de género de una manera profunda, madura y que mejoraba su modo de vida[2].

2. La Ilustración y la Modernidad: *El imperio de la razón*

La Ilustración, que se desarrolló en Europa a partir del siglo XVII, marcó el inicio de la modernidad, donde se veía con agrado cerrar la puerta a los dogmas de fe y abrirla a los nuevos postulados de la ciencia, la razón y lo empíricamente demostrable. Todo lo que tuviera que ver con ritos y ceremonias, era visto como algo más privativo de culturas salvajes o de un cristianismo medieval y oscuro ya superado, que de una sociedad moderna donde la ciencia y la razón eran sus señas de identidad.

De forma que la razón sustituye al mundo de las emociones, de lo trascendente, de lo simbólico, también de lo espiritual y sagrado de la cosmovisión religiosa, que es vista como la antítesis de la racionalidad. Pero se trata de una razón «irra-

---

[2] MOORE, Robert. *La Nueva Masculinidad*. Op. Cit. , p.16.

zonable» producto de una reacción que todavía se defendía del lastre histórico de la Edad Media y el teocentrismo. Todo este pensamiento moderno corta con todo proceso ritual, desacreditándolo como elemento sagrado en lo teológico y como agente de transformación en lo antropológico.

Esto fue así por varios siglos, en los cuales el paradigma de la razón, la intelectualidad, la industrialización y tecnologización de las sociedades, unido al desarraigo de los procesos de homosocialización, fue provocando un nuevo vacío. Los nuevos aires de la era industrial, racional e intelectual no fueron capaces de llenar el hueco existencial del hombre pues se fomentó el «tener» pero no el «ser». El vacío existencial que provocó la huida del cristianismo histórico y la ruptura con los ritos de iniciación, no se pudo llenar con las nuevas filosofías de la razón, ni con las nuevas políticas, ni con los avances de la ciencia y la cultura. La fe en la razón no trajo identidad, solo intelectualidad. ¿Dónde buscar nuevas respuestas?

3. La ultramodernidad: *El imperio de los sentidos*

La postmodernidad fue una corriente cultural caracterizada por la muerte de todos los ideales que mantuvieron en pie la dignidad y la esperanza del hombre hasta el siglo XIX. El siglo XX marcó una etapa de profundos contrastes: dos guerras mundiales, múltiples revoluciones, dictaduras militares, auge del capitalismo y de los ideales socialistas y comunistas, desastres ecológicos, aumento del contraste entre ricos y pobres, etc. A lo largo de todo el siglo XX la sociedad se fue desencantando de todo. Por tanto, la época que nos toca vivir no solo coincide con el cambio de milenio, sino que además hemos asistido con el fin del siglo XX y el comienzo del XXI, a un auténtico derrumbe de todos los sistemas filosóficos, políticos, morales y religiosos que han servido de baluarte durante la época moderna, es decir desde el Renacimiento en el siglo XVI hasta la década de los ochenta en el siglo XX.

Este caos postmoderno produjo una pérdida de horizontes y de referentes en todos los órdenes de la vida. Da la sensación que el mundo está en fase terminal. Esta desorientación en cuanto a todo, favoreció un vacío existencial, que a su vez y por reacción, provocó cuatro de las características principales de la sociedad postmoderna: hedonismo, individualismo, narcisismo y relativismo. El lema para cada una de estas características sería: «El placer por el placer», «Yo me basto», «Yo soy el centro del mundo», «Todo vale, no hay verdades absolutas». Al perder la fe en todo, ya no es que no se crea en nada, si no que se cree en cualquier cosa, todo da igual. El hombre se repliega sobre si mismo buscando vivir el día a día, pues el futuro se presenta sin fe ni esperanza.

A la par que la cultura de la superficialidad inicia su camino, surge la neorreligiosidad que bebe de distintas fuentes. Volvemos a hablar de la sacralización de lo profano, pareciera una vuelta a los viejos postulados, después de la secularización «rizar el rizo», de buscar nuevos caminos fuera de lo convencional y de lo establecido. No se trata por tanto, de recuperar los valores cristianos ni los sanos procesos de homosocialización, sino más bien de una búsqueda a la desesperada de nuevas fronteras de lo trascendente, sin importar de donde vengan. Así renacen con más fuerza sincretista las filosofías y las nuevas pseudorreligiones de matiz orientalistas tipo *Nueva Era*, surgiendo así un inusitado interés por una espiritualidad de corte esotérico y sincretista.

Esta espiritualidad que es tóxica, unida a la falta de espacios de integración para los jóvenes, pues el hogar como tradicional garante de arraigo e identidad ha visto muy mermada sus funciones, provoca lo que Moore y Gillette llaman las «pseudoiniciaciones» o «pseudorituales», que solo son pésimas imitaciones de los auténticos ritos de iniciación. Hablamos por ejemplo de las tribus urbanas, donde el ritual iniciático consiste en soportar las palizas del resto del grupo, o consumir drogas, o realizar alguna acción violenta donde el riesgo, el flirteo con la muerte y el peligro, son los ingredientes que a uno le califican y legitiman para ser parte del grupo. En este caso no se trata de una pérdida de los ancestrales ritos de iniciación a la masculinidad, sino de una perversión de los mismos al servicio de los nefastos ingredientes postmodernos.

En este fugaz repaso a la crisis de la masculinidad desde el Génesis y hasta nuestros días, hemos transitado por la historia y los distintos movimientos sociales que han contribuido a la fragilidad de la identidad masculina y a la desorientación actual sobre lo que implica ser hombre. A partir de ahora y en la tercera parte de libro proponemos un camino seguro para acuñar el concepto de hombre maduro que emana de las páginas de la Biblia: Una masculinidad compuesta por hombres íntegros conforme al corazón de Dios.

PARTE III
Afirmando: La solución

CAPÍTULO 8

VIII. El corazón del hombre y sus fuentes de poder

En la primera parte del libro hacíamos mención a que el carácter de Dios muestra dos de los componentes antagónicos pero complementarios que forman parte de la esencia del hombre: bravura y ternura. En el AT la faceta que sobresale es la de un Dios de guerra y justicia, mientras que en el NT es la de un Dios de amor y misericordia. El tándem «justicia y misericordia» aparece a lo largo de todo el registro bíblico en versículos como Rom. 6:23 «la paga del pecado es muerte (*justicia*) pero el regalo de Dios es vida eterna (*misericordia*)». Por ello hay que «respirar» el espíritu del AT y del NT a la hora de valorar la imagen del hombre en la Palabra. Como casi en todas las cosas, el equilibrio y la moderación son la clave para librarnos de los extremos.

A lo largo de todo el AT y en el proceso histórico de la creación del hombre y el inicio de las civilizaciones, en la conquista y formación del pueblo de Israel, en el peregrinaje por el desierto, en las luchas por la conquista de territorios, en el establecimiento de la nación y monarquía de Israel; apreciamos que el énfasis se centra en los aspectos del varón que aluden a la conquista del medio y la dominación del territorio. Esta es la parte del hombre que tiene que ver con fuerza, bravura y coraje para la batalla, para la conquista.

Sin embargo en el NT cambiamos por completo de escenario, y el Jehová de los ejércitos fuerte y temible se convierte ahora en Jesús de Nazaret, manso y humilde de corazón. En el NT el modelo que se transmite al creyente se centra más en el interior de la persona, en el carácter del cristiano y en los frutos apacibles del Espíritu Santo. No es que se niegue el aspecto «guerrero» del AT, este se refleja en situaciones como cuando Jesús derriba las mesas de los cambistas, o cuando se enfrenta a los fariseos para llamarles «sepulcros blanqueados», sino que se incorpora, se suma al espíritu del NT para completar, lo que podríamos llamar el carácter del templario,[1] donde se mezcla la fuerza del guerrero y la reflexión del monje. Ahora son las batallas y las luchas internas. La conquista ya no es por la dominación del medio, sino por el dominio propio del interior de la persona, su integridad y equilibrio.

Son muchos los autores que desde la antropología y la sociología (Robert Bly[2], Robert Moore, Douglas Gillette, Sergio Synai, etc.) y aun desde la teología (Robert Lewis, Edwin L.Cole, John Eldredge, Stu Weber, etc.) han trabajado con distintos arquetipos para definir la masculinidad íntegra. Pero serán la saga de los «Robert» (Robert Bly, Robert Moore, Ro-

---

[1] La Orden de los Caballeros Templarios estaba constituida por monjes-guerreros. Fue una de las más importantes y poderosas órdenes militares que surgieron durante las Cruzadas, con el propósito de defender Jerusalén de las fuerzas musulmanas que trataban de reconquistarlos.

[2] Muchos de ellos influenciados por Carl Jung, quien desde el pensamiento psicológico creó escuela en varios de los autores mencionados y sentó las bases para los arquetipos de hombre que se van a mencionar.

bert Lewis) quienes más trabajen estos arquetipos o modelos. Robert Bly desde su clásico libro *Iron John* fue referente para que autores como Robert Moore en *La nueva masculinidad* pulieran los arquetipos de la auténtica hombría, definiéndolos en estos cuatro: Rey, Guerrero, Mago y Amante. Posteriormente Robert Lewis[3], adaptó los arquetipos y los definió en lo que denominó las cuatro caras de la masculinidad: Guerrero, Rey, Amante, Amigo.

Bien, desde este libro hemos seguido adaptando esos arquetipos, y a los mencionados por Robert Lewis, le hemos añadido uno más. Por tanto todo hombre tiene que aprender a vivir en un equilibrio entre cinco aspectos que llamaremos las cinco caras de un hombre de integridad. Aunque la mayoría de estas caras parten en sus postulados de base, de estudios psicológicos, sociológicos y antropológicos, en realidad cada una de ellas forma parte del diseño y del ADN divino al haber sido hechos a imagen y semejanza de Dios. Son atributos del hombre que nacen de la profunda esencia del corazón del Padre: Guerrero, Rey, Sacerdote, Amante y Amigo, constituyen las energías vitales de la auténtica masculinidad, las cinco fuentes de poder del corazón de un hombre.

A casi todos los hombres nos gustan las películas de *El Señor de los Anillos*. El éxito mundial de esta saga, estriba en que despierta esos arquetipos de la masculinidad de una forma magistral. Bajo la cosmovisión épica de una tierra convulsa donde el bien y el mal se enfrentan, toda la compañía[4] en su diversidad (enanos, medianos, montaraces, hombres)

---

[3] Robert Lewis es pastor de la iglesia Fellowship Bible Church en Little Rock (Arkansas) y fundador de la Fraternidad de Hombres, cuyo material *La búsqueda de una auténtica masculinidad* fue traducido en España por la asociación DE FAMILIA A FAMILIA y el ministerio DE HOMBRE A HOMBRE.

[4] En la primera película «la compañía» estaba formada por distintas personas con el encargo de llevar el anillo hacia el fuego de «El Monte del destino» para su destrucción.

tienen en común al menos la cara del guerrero, necesaria para acometer una misión trascendental: salvar la «Tierra media» del imperio del mal. Pero quien encarna en sí mismo todas las caras de un hombre de integridad es Aragorn, hijo de Arathor. Posee la espada del guerrero, la amistad y lealtad de los suyos, una mujer a la que amar y un reinado que recuperar[5].

Toda la literatura épica de los ideales medievales y la fantasía de autores magistrales como Tolkien o C. S. Lewis, donde hay princesas que rescatar, reinados en peligro, caballeros y ejércitos que luchan por una causa, beben de las fuentes de la Biblia y de un origen del universo y del mundo, marcado por la historia de Dios y su pueblo, en una tierra convulsa y hostil alejada del Edén inicial. Aquí nace la lucha histórica y universal entre el bien y el mal. Es una lucha real donde el papel del hombre tiene que estar definido por determinadas fuentes de poder. Las cinco caras de un hombre de integridad: Guerrero, Rey, Amante, Sacerdote, Amigo.

1. El hombre como guerrero: *La espada*

La cara del guerrero se simboliza con la espada, un arma ofensiva y defensiva, que representa la fuerza, la determinación y el espíritu de lucha. En la Biblia se refiere a la Palabra de Dios con la que los creyentes nos defendemos de los ataques del maligno: la espada del Espíritu[6].

Todo el AT está impregnado del sabor bélico, épico y bravo de la cara del guerrero. Es la energía de la conquista, necesaria para que el pueblo de Israel pudiera ganar la tierra

---

[5] La cara del Sacerdote se la suponemos al iniciar su reinado y su matrimonio con Arwen.

[6] La palabra «espada» aparece 399 veces en la Biblia en textos como: Ef.6 o He.4:12.

prometida y pelear contra todos los pueblos paganos que la habitaban. Es una cara que puede ser vista con cierta reticencia, pues se trata de energías instintivas de agresividad[7] y supervivencia, que muchas mujeres como primeras víctimas de la cara del guerrero *sin* equilibrio, no ven con buenos ojos. No podemos negar lo instintivo (aunque sí controlarlo) pues forma parte de nuestra naturaleza primigenia como exploradores de una tierra hostil sobre la que Dios nos ordenó: *Fructificad y multiplicaos, llenad la tierra y administradla*. La bravura y la valentía son ingredientes vitales de la masculinidad, sin los cuales no se hubieran hecho conquistas, descubrimientos y logros culturales de nuestra civilización. La energía del guerrero tiene que estar presente en todo hombre que canaliza su fuerza al servicio de una causa noble: Su Dios, su amada, su familia, su pueblo.

La energía del Guerrero, pues, aunque posea otros atributos, está presente universalmente en los hombres y en las civilizaciones que creamos, defendemos y extendemos. Es un ingrediente vital de nuestra edificación del mundo y representa un papel importante en la difusión de los beneficios de las más altas virtudes humanas y de los logros culturales a toda la humanidad. Pero, también es cierto que la energía del Guerrero a veces se desborda [si no se equilibra con las otras caras][8]. Cuando esto sucede, los resultados son devastadores[9].

La testosterona no solo es la hormona del deseo sexual. También provee energía, vigor y cierta dosis de agresividad, necesarias cuando tomamos decisiones y asumimos retos y compromisos: *Voy a romper con este hábito, voy a perder peso, voy a luchar por mi matrimonio, etc.* Cuando te sientes en lucha y

---

[7] La palabra agresividad proviene del latín *ad-gredire* que significa «ir hacia algo de forma activa» , también se describe con la palabra «acometividad», vista como la fuerza que te lleva a continuar buscando cumplir tu cometido.

[8] Nota del autor.

[9] MOORE, Robert. La nueva masculinidad. Op. Cit. , p.95.

peleas por lo que crees justo, esa fuerza proviene de nuestra agresividad natural, vista como «acometividad», en el sentido de acometer y llevar adelante la empresa que te ocupa.

El guerrero es imagen del que sabe enfrentarse con sus propios miedos y tomar en sus manos las riendas de su vida. El auténtico guerrero lucha siempre por la vida. Jamás lucha contra alguien sino a favor de los hombres, de la libertad, de la paz[10].

De pequeños a todos nos gustaba ser policía, bombero, o piloto de aviación, todos hemos querido ser guerreros que luchaban contra el dragón y rescataban a la princesa. En algunos retiros de hombres que hemos tenido en el sur de España, parte del programa tenía que ver con actividades y con acción, es decir, que aparte de los estudios y tiempos de reflexión, *hacíamos salidas a caballo, rutas de montaña, tiro con arco y paseos en quads.* Este tipo de eventos que combinan *acción y reflexión*, nos activan, nos conectan con nuestra naturaleza vital y real, pues se trata de la cara del guerrero que reaviva en nosotros el espíritu de lucha y conquista.

Formo parte del motoclub cristiano CMA España, y en ocasiones hacemos salidas o concentraciones. La noche anterior comienza el ritual. La moto tiene que estar a punto, sobre todo en su estética, tiene que brillar. La indumentaria es importante, pues en cierto modo la indumentaria revela al individuo: Los pantalones vaqueros con parches, las botas de reluciente cuero negro, el chaleco cargado de pins, la cazadora con remaches de metal y el emblema que nos identifica como *Águilas de Jesucristo.* Es la armadura del guerrero, y la moto representa el caballo. Cuando subimos a nuestras monturas y el motor comienza a rugir entre nuestras piernas, cierta dosis de adrenalina nos revela lo que somos y anhelamos: el viento

---

[10] GRÜN, Anselm. *Luchar y amar.* SAN PABLO, Madrid, 2003, p.92

en la cara, el olor de la tierra, el rugido del motor, hombre y naturaleza en estado puro, salvaje, primitivo, masculino. Sí, es la cara del guerrero y forma parte de la imagen de Dios.

La cara del guerrero es por tanto la cara de la perseverancia y la lucha. A la edad de 26 años entregué mi vida al Señor después de 9 años en la droga. Poco después mi deseo era ingresar en el seminario para estudiar la Palabra, sin embargo la recomendación fue que terminara primero el año pendiente de bachillerato que había dejado 10 años atrás. Realmente yo no quería pasar por ese año y finalizar el bachiller, lo que quería era estudiar la Biblia y prepararme para servir, eso era lo que me interesaba. Pero comprendí que todo forma parte de un proceso y que uno debe terminar lo que empieza, debe asumir los compromisos y ser consecuente. Así que me matriculé en clases nocturnas y empecé lo que tenía que haber finalizado tiempo atrás. Sin embargo no todo fue fácil, después de tantos años en la droga mi mente no lograba retener ni memorizar lo que estudiaba. Si a mis compañeros les bastaban dos horas al día, yo tenía que emplear cuatro. Pero yo quería ir al seminario y si previamente debía acabar aquel *año pendiente*, iba a luchar por mi meta, por mi ilusión. Finalmente lo conseguí con «sudor y lágrimas» pues fue un gran esfuerzo de perseverancia y tenacidad. Cuando en junio me dieron mi diploma de bachiller superior, me sentí un hombre completo y capaz, era como si hubiera conquistado la cima del Everest. La cara del guerrero había vencido.

Todo hombre que se precie de serlo, tiene que asumir la cara del guerrero, empuñar la espada y hacer frente a los retos y dificultades de su vida, para crecer y madurar. Mi hijo Noel se bautizó a la edad de 18 años, su mayoría de edad legal coincidió con su mayoría de edad espiritual. Tuve el privilegio de bautizarlo y de disfrutar junto con su madre, iglesia y resto de familia, de un día que nos llenó de orgullo y agradecimiento a Dios. Esa noche invité a Noel a cenar, padre e hijo solos. Al finalizar la cena le entregué mi regalo más esperado, una réplica exacta en acero templado, de la espada «dardo» que le fue entregada a Frodo, cuando comenzó su aventura en la saga del Señor de los Anillos. Con ello pretendía reforzar su coraje y empuje para que asuma la espada, la energía del guerrero, es decir la fuerza, el control y la toma de decisiones en cada una de las áreas de su vida.

De forma que la agresividad es un componente esencial del guerrero, pero se legitima cuando se sabe conducir como una fuerza controlada, que tiene como objetivo final hacer frente a los problemas naturales de la existencia. Una fortaleza interior que huye de la ira desaforada, porque siempre la acompaña la conciencia del domino propio. Esa es la cara del guerrero.

2. El hombre como Rey: *El cetro*

La cara del Rey se simboliza con el cetro, que representa el bastón de mando y la autoridad, unido al sentido de responsabilidad y lealtad a una causa. Históricamente el cetro era una distinción de mando otorgado a reyes y mandatarios, como señal de autoridad en las ceremonias de investidura.

Si la cara del guerrero muestra ímpetu, la cara del Rey muestra serenidad. Si la cara del guerrero muestra fortaleza, la cara del Rey muestra sabiduría. La fuerza sin control y templanza no sirve de nada. Se trata del código de honor y lealtad que todo hombre tiene que asumir, los valores y reglas de vida por los que se debe conducir: La veracidad, la honradez, la justicia, el honor, la lealtad a una causa. La energía del Rey no es movida por sentimientos sino por convicciones, y aun muchas veces se mueve a pesar de los sentimientos, haciendo lo que sabe que debe hacer y no lo que siente que desea hacer. Representa la jerarquía, el orden, la justicia, el honor, el amor a la rectitud. Como hombres y en la sabia dirección de nuestros hogares, la cara del Rey es importante, pues: *Cuando la energía del Rey no se manifiesta o bien es débil e inmadura, las familias se desordenan, y se vuelven caóticas*[11].

La cara del Rey manifiesta las cualidades razonables y la serenidad que estabiliza las emociones y las conductas incontroladas. En la época dorada de la monarquía de Israel, los reyes Saúl, David y Salomón, encarnaron, aun con sus defectos que a la postre nos recordaban que no eran dioses sino solo hombres, los ideales de justicia, integridad, honor y lealtad debida a su Dios y a su pueblo. Para nosotros hoy, es la energía que hay que mostrar cuando todos pierden la calma, es la energía conciliadora que da seguridad en los problemas del hogar, con palabras de aliento, con firmeza paternal, que busca la paz y el orden en su mundo y que no cede a las tentaciones del enemigo.

Pero la cara del Rey tiene sus riesgos, al igual que el resto de las que mencionaremos, cuando no se usa de forma equilibrada. Se trata del peligro del Rey que se niega a renunciar al trono, convirtiéndose en tirano: Herodes que ante la llegada del Rey esperado, el Mesías prometido, ve peligrar su supremacía y quiere matar al niño Jesús. El propio Saúl que ante el ungido David y el temor de que le desplace en el trono, quiere también matarlo tomándose la justicia por su mano. Por eso en la cara del Rey debe haber un uso del poder como una responsabilidad otorgada, no como un privilegio para satisfacer su ego o sus ansias de poder. Por eso todo rey debe ser consciente de que sobre su cabeza pende la espada de Damocles[12].

---

[11] MOORE, Robert. *La nueva masculinidad*. Op. Cit., p.80.

[12] Según la mitología griega, Damocles fue un cortesano al que se le concedió por un día ser rey y gozar de todos los privilegios inherentes al cargo. Ocupó su trono y disfrutó de un banquete con todo tipo de lujos. Al finalizar se dio cuenta de que sobre su cabeza pendía una espada atada al techo solo por un hilo fino. Entonces fue consciente de que todo privilegio conlleva sus responsabilidades y peligros y todo trono tiene también su cruz.

Es la cara que hay que mostrar cuando se nos tienta en algún área: Un trabajo en el que se nos pide mentir, pero escogemos nuestro código de honor.[13] Una situación donde somos tentados sexualmente y escogemos la integridad y fidelidad a nuestra esposa. Se trata del sentido de compromiso y lealtad debida, convicciones y valores firmemente arraigados. Es la cara que mostró José cuando fue tentado por la esposa de Potifar. La cara del Rey, citando la canción de Renán Carías, es la cara de los *hombres de valor que cumplen promesas con la mirada puesta en su Salvador.*

Hace un tiempo en un viaje de ministerio a Estados Unidos y durante unos días de descanso en medio de mi labor como profesor, tuve la ocasión de visitar la ciudad de San Francisco con unos amigos pastores. Después de un viaje de siete horas desde San Diego llegamos cansados y entumecidos. Al llegar al hotel vimos que al lado había una casa de masajes, y la esposa del pastor acostumbrada a estos centros por sus problemas de espalda, sugirió que un buen masaje nos ayudaría a relajarnos.

Al llegar al lugar nos recibió una señora oriental que nos introdujo a cada uno en distintas habitaciones. Allí había una ducha y una camilla con una pequeña toallita. Al momento entro una señorita también oriental quien amablemente me indicó que me diera una ducha y me tendiera desnudo en la camilla cubierto solo con la toallita. Es cierto que llegado ese punto yo no sabía muy bien si eso era lo habitual a la hora de recibir un masaje, de forma que con un cierto grado de sospecha, me duché y tendí en la camilla. Cuando la señorita entró comenzó a hacerme el masaje por la espalda untando sus manos en aceite aromático. Era muy agradable y relajante, la música era suave y durante 20 minutos disfruté quedándome un poco adormilado. De pronto la señorita me hizo gestos para

---

[13] En las películas *Reto de Valientes y Flywheel,* se trabajan los aspectos de honestidad e integridad

que me diera la vuelta (recordad que estaba cubierto solo por una toallita) al volverme para darme la vuelta con precaución, me quedé sorprendido, asustado y fuertemente tentado: aquella joven estaba frente a mí totalmente desnuda, mostrando un cuerpo hermoso, proporcionado y casi perfecto. ¿Te imaginas la escena querido lector?

A miles de kilómetros de casa, en la privacidad de una habitación, yo prácticamente desnudo, ella completamente desnuda y dispuesta a que el masaje concluyera con un «happy end». Cuando aquella belleza oriental, todo sonrisas y delicadeza, hizo ademán de acariciar mis partes, el camino se dividía en dos y yo tenía que elegir: por un lado estaba el ceder a la tentación y permitir que aquella fruta prohibida tuviera relaciones conmigo (y os aseguro que la tentación se presentaba como buena, agradable y codiciable), y por otro lado estaba el resistir la tentación y salir huyendo como José cuando fue tentado por la esposa de Potifar.

Sí, reconozco que fui bastante ingenuo e imprudente, y sin quererlo ni saberlo me vi en la boca del lobo. En aquellas fracciones de segundo muchas cosas pasaron por mi mente, pero las más nítidas eran las imágenes de mi mujer y de mi hijo, junto con la lealtad a mi Dios, a los que sentí que traicionaba si cedía a la tentación y daba lugar a mis deseos. Finalmente la culpa fue más fuerte que el deseo, y apartando con suavidad pero con firmeza su mano le dije: *Solo el masaje, gracias*. Al salir y durante toda esa noche pedí perdón y di gracias. Mis deseos y la prueba de tentación enviada, se sometieron a mi código de honor y mi lealtad a Dios y a mi familia: La cara del Rey había vencido.

Un hombre solo gana autoridad cuando tiene un compromiso inquebrantable con un código de honor y unos principios sobre los que edificar su vida. Alguien dijo que los hombres no son grandes por el valor de sus riquezas, sino por la riqueza de sus valores. Esa es la cara del Rey.

3. El hombre como amante: *El anillo*

El anillo, en su circularidad sin principio ni fin, simboliza el compromiso de unir tu vida a la de otra persona para siempre. Se lleva en el dedo anular como recordatorio del pacto matrimonial y suele ser de oro que representa la pureza y durabilidad del amor, 'que nunca deja de ser'.

El caballero de la Edad Media era el hombre que con la misma mano, era capaz de empuñar la espada y al mismo tiempo de acariciar tiernamente a su amada jurándole lealtad y fidelidad perpetua. De alguna forma y en el frente de batalla, el caballero medieval era impulsado por el amor a su mujer, a su princesa. Walter Schubart identifica esta clase de sentimiento como un tipo de amor subliminal:

La erótica de la adoración surgió en el siglo XII con el aprecio por la mujer..., tenían que ser mujeres geniales aquellas que entonces enardecían al hombre hasta llevarle a la adoración, derribando la distinción de clases que había determinado la relación del género humano[14].

Esa propia adoración trascendía el amor romántico y lo elevaba a amor platónico. Era una sublimación desmedida que competía con la adoración debida solo a Dios, pero que en su esencia revela la cara del amante entregado y protector, que debe estar presente en todo hombre de integridad. La inmortal obra de Cervantes, *Don Quijote de la Mancha*, por cierto el segundo libro más vendido del mundo después de la Biblia, encarna y emula el arquetipo de caballero medieval. En sus gestas imaginarias, la fuerza que impulsaba a Don Quijote tenía que ver con la encomienda de su vida a Dios y a su amada

---

[14] SCHUBART, Walter. *Religion and Eros*. Munich, 1941 pp. 121-122.

Dulcinea del Toboso. Aún hoy en día se sigue usando el término «caballero» para referirse al hombre galante y cortés: *Es todo un caballero.*

La cara del amante refleja la energía de la ternura, cuidado y la protección al hogar (esposa e hijos), es la cara donde el hombre deja la conquista de la tierra y vuelve a casa, al hogar, a sus papeles de esposo y padre. Es la cara del hombre cercano, tierno, afectivo, capaz de compartir desde el corazón y aun de sacrificar su propio interés y espacio, para darle a su mujer lo que más necesita: protección e intimidad.

La cara del guerrero y del rey nos surge de forma natural, pero la cara del amante nos cuesta. Si bien estamos dispuestos a morir por nuestras mujeres, a veces lo que más nos cuesta es vivir con ellas valorándolas en el día a día, pues todo hombre tiene que vencer su resistencia natural a ofrecer demostraciones de afecto. Esto se explica muy bien en el siguiente esquema.

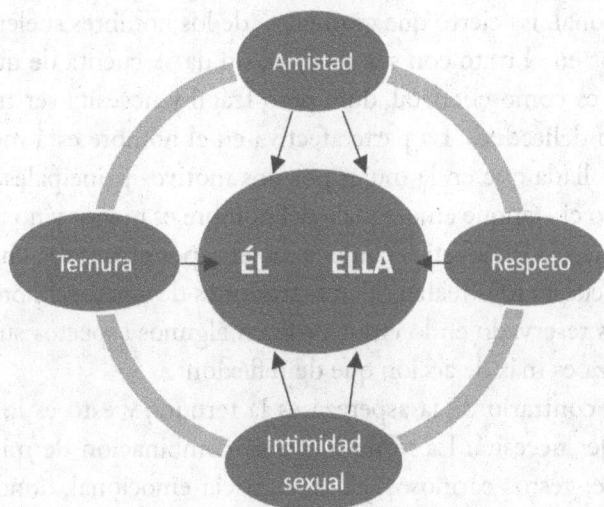

Por lo demás, que el hombre ame también a su mujer como a sí mismo; y la mujer respete a su marido. (Ef.5:33)

Utilizamos el círculo relacional que corresponde a todas las facetas del amor. El amor *filia* (amistad) y el amor *eros* (intimidad sexual), están situados en mitad del círculo en su vertiente superior e inferior y aluden a la responsabilidad conjunta que la pareja tiene de cultivar estas facetas del amor. Sin embargo los componentes de la *ternura* y el *respeto,* corresponden al amor *ágape* que es un amor sacrificial y de entrega para suplir las necesidades «del otro». ¿Qué necesita el hombre y qué necesita la mujer? Dios nos lo dicta en forma de responsabilidades cuando en Efesios 5 le pide al hombre que *ame* a su mujer y a la mujer que *respete* a su marido.

Maridos, amad a vuestras mujeres y no seáis ásperos con ellas[15]. Dios demanda de cada uno de nosotros aquello que más nos cuesta. Al hombre por regla general le cuesta ofrecer muestras de amor, le cuesta verbalizar palabras de cariño y decirle a su esposa: *Te quiero,* sin embargo las mujeres necesitan recibir esos elogios y demostraciones de afecto para llenar su tanque emocional. Es cierto que gran parte de los hombres suelen ser ásperos en el trato con sus esposas, sin darse cuenta de que la mujer es como el cristal, dura pero frágil y necesita ser tratada con delicadeza. La parte afectiva en el hombre está menos desarrollada que en la mujer por dos motivos principales, por un lado el «tanque emocional» del hombre es menor y no tiene tanta necesidad afectiva como la mujer, y por otro lado al hombre le cuesta más realizar demostraciones de afecto, el hombre es más reservado en lo emocional, en algunos aspectos su naturaleza es más de acción que de reflexión.

Lo contrario de la aspereza es la ternura, y esto es lo que la mujer necesita. La ternura es una combinación de mirada amable, gestos cariñosos, calor y caricia emocional, donde la mujer se siente abrigada y protegida. El concepto de una «piel

---

[15] Col.3:19.

amiga», eso es lo que toda mujer sin excepción anhela. Si nos fijamos en el círculo relacional, la ternura está puesta en el lado que corresponde al hombre, pues eso es lo que Dios demanda de él hacia ella, amor demostrado. Eso es lo que hombre debe entregar: *ternura y afecto*.

A la mujer Dios le pide que *respete* a su marido. Debido a su mayor capacidad verbal y necesidad relacional, la mujer puede tener la tendencia a exigir y demandar a su marido esas expresiones de ternura que a él le cuestan y que tanto ella necesita. El gran problema es que en el terreno emocional y sentimental las exigencias no funcionan pues llegan a manipular o a provocar que el hombre se cierre y se sienta bloqueado e incapaz de cumplir. Debido a esa capacidad verbal y carácter más emocional ella tiene la posibilidad de potenciar a su marido o de anularlo. Por tanto Dios demanda de la mujer lo que más le cuesta y lo que más necesita el hombre, es decir ser valorado y no cuestionado, ser potenciado y no anulado, ser admirado y no criticado. Por eso en el círculo relacional el *respeto* está puesto al lado de la mujer pues es lo que Dios le demanda.

En definitiva Dios nos pide aquello que más nos cuesta, pues Él asume que a la mujer le es más fácil amar a su marido y al hombre le es más natural respetar a su mujer, por eso nos exige aquello que nos requiere mayor esfuerzo, asumiendo, por otro lado, que nos «entregamos» en aquello que nos nace de forma más natural.

Concluimos en que la cara del amante es la cara del hombre que protege a su esposa y la cuida, pasa tiempo con ella y es sensible a sus necesidades. Es la cara del hombre que conoce el lenguaje de amor de su esposa y se preocupa por satisfacerla. El hombre que se acuerda de las fechas significativas como cumpleaños y aniversarios, que es detallista con regalos, o notas, que se esfuerza por decirle a su esposa que la quiere y por darle un abrazo tierno de vez en cuando.

4. El hombre como sacerdote: *El libro*

Se simboliza con el libro de los libros, la Biblia. Representa el código de honor y la auténtica constitución del creyente por la que debemos conducirnos y a la que debemos obediencia y lealtad. En los juicios, la Biblia todavía se usa como símbolo del compromiso con la verdad sobre la que juran[16] los testigos.

El versículo 19 de Isaías 38: *El padre hará notoria la verdad de Dios a sus hijos*, deja sin excusa la pregunta sobre quién debe guiar espiritualmente a nuestra familia. El hombre debe ser el sacerdote de su hogar, él es el escalón natural que debe modelar la sana imagen que un hijo debe tener de su padre, pues cuando el hijo tenga que ver a Dios como padre, entenderá el concepto de forma adecuada. Es decir, su padre terrenal será el escalón natural para hacerle entender la correcta idea del padre celestial. En nuestro trabajo con parejas observamos que es casi siempre la madre la que se encarga de la educación de sus hijos, incluida la educación espiritual. Son muchos los hombres que al no estar cumpliendo su rol de esposos en el hogar, no tienen la autoridad para ser ejemplos e iniciadores espirituales de sus hijos.

Por otro lado, sabemos que la vida espiritual en familia no debe limitarse al devocional formal de tomar la Biblia, leer y orar juntos. La vida espiritual en familia va más allá e incluye los momentos enseñables, los tiempos de intimidad, donde se dan contextos de juego o reflexión para derivar hacia alguna explicación espiritual. Ese es el papel adecuado de la presencia del padre como sacerdote del hogar: saber integrar el concepto de espiritualidad en todos y cada uno de los aspectos de la vida familiar.

---

[16] Aunque los creyentes preferimos usar la palabra «comprometerse» pues la Biblia nos advierte que no debemos jurar.

En Dt.6 se da la oración principal del pueblo judío, «la gran Shemá». Es la declaración del principio fundamental de su fe, la creencia en un Dios único. El pueblo de Israel que iba a ser dispersado por todas las naciones debía tener en el hogar su principal reducto para conservar su identidad de pueblo elegido. En este sentido es interesante notar como Dt.6 exhorta a que el padre instruya sobre las verdades de Dios a sus hijos, en el contexto del hogar. El hogar visto como el contexto natural para la transmisión de la fe:

Oye, Israel: Jehová nuestro Dios, Jehová uno es. Y amarás a Jehová tu Dios de todo tu corazón, y de toda tu alma, y con todas tus fuerzas. Y estas palabras que yo te mando hoy, estarán sobre tu corazón; y las repetirás a tus hijos, y hablarás de ellas estando en tu casa..., y al acostarte y cuando te levantes..., y las escribirás en los postes de tu casa, y en tus puertas. (vrs. 4-9).

Asimismo observamos que en la Biblia la bendición paterna era tenida muy en cuenta. Tomemos como ejemplo la bendición de David sobre su hijo Salomón antes de morir:

Yo sigo el camino de todos en la tierra; esfuérzate y sé hombre. Guarda los preceptos de Jehová tu Dios, andando en sus caminos, y observando sus estatutos y mandamientos, sus decretos y sus testimonios, de la manera que está escrito en la ley de Moisés, para que prosperes en todo lo que hagas y en todo aquello que emprendas[17].

Quizás una bendición parecida fue la que buscaba Jacob de su padre y por la que le robó la primogenitura a su hermano. Quizás muchos hijos salieron de sus casas sin recibir la bendición de su padre, y como adultos que no han sido validados en su autoestima no cesan de buscar aprobación de

---

[17] IR.2:2-3.

muchas formas. En realidad buscan la bendición del padre que nunca tuvieron.

En la década de los 90 pastoreábamos una iglesia en la bonita isla de Mallorca. Cada día regresaba a casa cansado y lo único que me apetecía era sentarme en el sofá a desconectar viendo un poco la tele. El caso es que había un pequeño niño que esperaba a su papi para que le contara un cuento antes de dormir. Algunas ocasiones consentía a regañadientes, como quien cumple una obligación, hasta que un día el Señor me puso las cosas claras. Una noche mientras dormía soñé que llegaba a casa cansado y cargado, mi hijo estaba ya en su camita esperando que papi le contara el cuento, lo arropara y le diera un beso y la oración de bendición. Sin embargo al llegar a su habitación yo le decía: *Hijito hoy estoy muy cansado, ya te contaré el cuento mañana*, y me iba al salón.

Siempre en el sueño, me despertaba a la mañana siguiente y cuando iba a la habitación de Noel, de repente ya había crecido, se había hecho un adolescente y no quería «cuentos» ni abrazos de su padre. Ya era tarde, lo había perdido. Ese sueño, profético para mi vida en aquel entonces, me hizo volver a la realidad y ser consciente de que el tiempo de la niñez es fugaz, pasa demasiado rápido. Yo había caído en el error ministerial de gastar mi tiempo y energía en ser luz, en ser sacerdote para otros, mientras mi casa estaba a oscuras.

Desde aquel sueño fui consciente del alto privilegio que tenía cada día con mi hijo. Ya no perdí más tiempo y a lo largo de sus años de infancia, fue un auténtico placer y todo un privilegio crear junto a él pequeños momentos de intimidad compartida. Aún recuerdo su sonrisa cómplice y su emoción cuando comenzaba a contarle el cuento, despertando su fantasía y la magia de su imaginación. A veces se quedaba dormido en mi hombro. Pequeño, en su ingenuidad infantil, vulnerable y confiado, en aquellos momentos yo era su mundo y su completa seguridad. Yo, su padre. Eso forma parte del sacerdocio del hogar. Nunca prives a tu hijo de los momentos de intimidad y espiritualidad que demanda tu responsabilidad como padre/sacerdote.

La cara del sacerdote debe modelar tanto en los hijos como en la esposa, el liderazgo que provee cobertura espiritual para el hogar. Independientemente de que la esposa tenga sus momentos de oración, y hasta ore más que su marido, debe ser este el iniciador de la vida espiritual en el hogar. Toda mujer necesita la seguridad de un hombre, saberse protegida por Dios, a través de su marido. El hombre como padre y sacerdote debe ser cobertura y protección de los suyos, y esto se cumple con los hijos, especialmente en el acto de la bendición paterna. Algo tan sencillo como imponer las manos sobre tu hijo y orar con él cada día antes de ir al colegio. O pedir la bendición y protección de Dios sobre su vida en ocasiones como viajes donde se va a estar separado de la familia. O la bendición paterna cuando el padre ora por sus hijos ante los pequeños retos de la vida. El padre que ora por su hijo cuando enfrenta un examen final o la presentación de algún trabajo, el padre que impone las manos y ora por su hija que va a hacer un papel principal en la obra de teatro navideña, etc. Esto es importante porque implica declarar y profetizar bendición sobre los tuyos.

5. El hombre como amigo: *El ajedrez*

El ajedrez simboliza el juego donde hay dos ejércitos en el campo de batalla perfectamente alineados: en primera línea está la infantería, seguido de la caballería, torres de asalto y elefantes[18], y finalmente los reyes como mandos supremos. El ajedrez simboliza en el hombre, el juego de su propia vida, la batalla de su existencia,

---

[18] El nombre de «alfil» proviene del árabe y significa «el elefante».

pero al mismo tiempo simboliza la amistad masculina donde los elementos de rivalidad, sana competencia y estrategia nos unen en una acción común que nos vincula con nuestro adversario. Esto nos acerca como hombres y allana el camino a la fortaleza interior de nuestros pensamientos y sentimientos.

Debido a las exigencias de nuestro ego donde el hombre parece que tiene que estar siempre demostrando su valía, nos cuesta mucho abrir nuestro ser interior y mostrar nuestros miedos, nuestras debilidades. Todo ello bajo una falsa creencia donde parece que el hombre es valorado por lo que hace y no por lo que es. Entonces nos cuesta mucho quitarnos la chaqueta de pastor, líder, profesional del área que sea, o simplemente de hombre con dignidad, pues caemos en el error de pensar que las muestras de confusión o debilidad interior, rebajan nuestra autoestima.

Todo guerrero tiene hendiduras en su armadura. Cuando admitimos nuestros puntos vulnerables ante un amigo de confianza, nos estamos consiguiendo protección y esperanza; un escudo en los días en que caigan las tinieblas y vuelen las saetas[19].

A veces salgo con un amigo a dar un paseo en moto. Puede ser que hagamos una ruta de unas 3 ó 4 horas. Quizás nos paramos en dos ó tres ocasiones para tomar un café, repostar o contemplar algún paisaje bonito. ¿Te imaginas cuanto tiempo de conversación real tenemos en esas horas? ¿15 minutos? La mayor parte del trayecto es en nuestras motos, yo delante y el detrás, o viceversa. Quizás no hay mucha conversación, pero hay comunión, nos sentimos conectados en la actividad, participando de ella y disfrutando juntos de la carretera, cómplices de la misma aventura. A los hombres normalmente nos conec-

---

[19] WEBBER, Stu. *El corazón de un guerrero.* UNILIT, Miami, 2002, p.94.

ta de forma más natural la actividad que la conversación. O al menos, como venimos diciendo, la actividad allana el camino para que pueda haber conversación.

Ya hemos comentado que muchos hombres somos de la generación del «llanero solitario». Los falsos estereotipos de hombre duro y poco conversador, han relegado a un alto porcentaje de hombres a su particular cueva de soledad y hermetismo. Al igual que en Génesis el hombre se escondía de la presencia de Dios, tenemos la tendencia a aislarnos en nuestra caverna personal, olvidándonos que formamos parte de un matrimonio, una familia y una sociedad. Y es precisamente esa sociedad la que ha fabricado el estereotipo de hombre orgulloso, solitario y errante. Pareciera que la semilla de Caín, quien fue expulsado a la tierra de Nod como errante y extranjero, siguiera marcando al hombre de hoy, sin futuro y sin esperanza:

He aquí me echas hoy de la tierra, y de tu presencia me esconderé, y seré errante y extranjero en la tierra; y sucederá que cualquiera que me hallare, me matará[20].

Caín es el tipo de hombre despechado y rechazado cuyo modelo llega hasta nuestros días y al que la sociedad ha elegido como tema central de poesías, películas y canciones. Ese profundo sentimiento de desamor lo que busca en realidad es despertar un toque de autocompasión con cierto sabor masoquista, que sobre todo busca mitigar una soledad interior de corazón. Se refleja en las viejas canciones a manera de baladas melancólicas donde algún desengaño amoroso convierte al hombre en un ser errante y solitario, que sufre con su orgullo tocado, la herida profunda de una mujer. Es el perdedor, pasivo y violento, que mitiga su dolor entre las barras de los bares y la soledad de unos brazos extraños en cualquier motel de carretera.

---

[20] Gn.4:14.

Ese prototipo de hombre, herido por una mujer y marcado por el signo de la derrota, favorece la idea de un amor inmaduro y súper sentimental, animando al hombre a convertirse en un ser solitario y egoísta, que de copa en copa y de cama en cama, busca a golpe de placer aliviar un dolor que no se cura con alcohol ni con sexo.

Este falso modelo de hombre, cae también en el error de pensar que el plano sentimental y afectivo es exclusivo del amor femenino, y que la amistad con un hombre tiene que ver más con pasárselo bien y estar en contextos de juego o diversión. La Palabra dice: *Quien quiere tener amigos ha de mostrarse amigo*[21], y es que necesitamos amigos con los que poder compartir de nuestro interior, de nuestras fortalezas pero también de nuestras debilidades, en una amistad sana y pura donde no tiene cabida ninguna expresión de amor homosexual.

Tenemos que aprender a recuperar amistades profundas con otros hombres, o al menos con uno ó dos que sean amigos de verdad, y no solo conocidos. Cuando éramos niños casi todos los hombres tuvimos amigos de corazón. Muchachos con los que podíamos ser nosotros mismos, con los que reír, disfrutar juntos, hacer tonterías sin sentirse juzgado y ser auténticos y transparentes, sin apariencias ni fachadas. Podíamos hablar de qué chica nos gustaba y sobre todo hacíamos cosas juntos: explorar, salir en bici, construir cabañas, etc. Esos eran los buenos amigos de la infancia.

En muchos casos cuando el niño se hace hombre y funda una familia, no hay mucho tiempo para cultivar amistades. El terreno laboral y la responsabilidad familiar parece que absorben toda nuestra energía. Sin embargo en algún momento de nuestra etapa adulta nos damos cuenta que tenemos necesidad de «otro varón» con el que poder dejar de ser políticamente correctos y al

---

[21] Prov.18:24.

que contar luchas, temores, tentaciones y frustraciones. Pero al mismo tiempo este tipo de amistades no son fáciles de iniciar en el periodo adulto, pues al haber hecho ya nuestra vida y tener los espacios absorbidos por nuestros roles, no surgen los contextos naturales del colegio, la universidad, el seminario, donde como joven hay mucho aún por hacer y por definir.

En ocasiones, sobre todo aquellos que no hemos tenido la presencia activa de un padre implicado en nuestras vidas como hijos, sufrimos la carencia de una figura confiable de autoridad a la que podamos pedir consejo. Ya no hablamos tanto de un amigo con el que estemos al mismo nivel, sino de una persona, otro hombre, que esté en un plano mayor de madurez. Nos referimos a la figura del mentor[22], alguien con más experiencia y sabiduría, que en su papel de consejero sabe inspirarnos, corregirnos y retarnos a ir adelante en todas las áreas de nuestra vida.

Para resumir diremos que la cara del amigo cumple algunas características importantes:

— **Un amigo es alguien a quien permitimos la entrada a nuestro mundo interior.** Esto no es fácil. El costo de una amistad profunda es la vulnerabilidad personal, pues la transparencia nos hace vulnerables, nos sentimos desprotegidos y con miedo a ser juzgados. Pero lo que ofrece la verdadera amistad es justamente comprensión. Es el concepto expresado en el primer libro de Samuel en su capítulo 18 cuando dice que: *el alma de Jonatán quedó pegada a la de David*. Llegaron a ser almas gemelas porque compartían desde lo profundo de su corazón.

---

[22] Este término tiene su origen en la Odisea de Homero. Cuando Ulises abandona Troya encarga a su amigo Mentor la educación de su hijo Telémaco. Mentor no reemplaza a Ulises en su rol paterno, sino que le educa y le enseña a aprender y a aceptar las dificultades que le esperan. Mentor se convierte en su tutor, consejero sabio, inspirador, estimulador de retos y maestro.

— **Un amigo es alguien que está presente en los momentos difíciles.** Bien definido en Prov.17:17: *En todo tiempo ama el amigo.* En los momentos de alegría y diversión es fácil ser amigo, pero la verdadera amistad es la que permanece en la prueba y en el tiempo de luto: problemas con tu pareja o hijos, pérdida del trabajo o aun de seres queridos, una enfermedad repentina, tiempos de depresión o vacío espiritual, ataduras o pecados que nos están consumiendo, etc.

— **Un amigo es alguien que nos libra de nosotros mismos.** Es decir, que tiene la confianza, aun a riesgo de contar con nuestro enfado, para confrontarnos en algún aspecto de nuestra vida. Esta característica de la amistad queda recogida en el dicho popular: *Quien bien te quiere te hará llorar,* mucho más refinado desde la sabiduría bíblica: *Fieles son las heridas del que ama*[23]. Un verdadero amigo tiene que tener el permiso y la libertad de opinar sobre algo que quizás no anda bien en tu vida, para ayudarte a crecer.

Sea un amigo, sea un mentor, sean ambos, los hombres necesitamos la cara del amigo en nuestras vidas para compensar nuestra tendencia al aislamiento y la soledad.

6. Combinando las cinco caras: *El equilibrio*

El corazón de un hombre y sus fuentes de poder deben tener un equilibrio armónico entre las cinco caras que lo conforman. El término mansedumbre, ya explicado, alude a ese balance que no se va a los extremos y que permite que ninguna de las caras de un hombre de integridad resalte más que otra. Todo bajo el principio del dominio propio, donde el hombre maduro es dueño de sí mismo al beber de cada una de ellas en

---

[23] Prov.27:6,

igual medida. En la Biblia, los términos de dominio propio, sobriedad, madurez y mansedumbre, recogen esa misma idea. La mansedumbre es la cualidad que el Señor nos demanda que ejemplifiquemos de su conducta[24], y representa al hombre que tiene bajo control todo instinto, impulso y pasión desordenada. La balanza es un símbolo universal para representar el sentido de justicia y equilibrio. La mansedumbre es hacer las cosas en «su justa medida», ni más, ni menos.

Mansedumbre

La mansedumbre en la cara del guerrero:
ni violento ni pasivo

Si la cara del guerrero no está bien equilibrada, la tendencia es irse a alguno de los dos polos opuestos entre violencia y pasividad. Es decir si la fuerza y bravura del guerrero se enfatiza demasiado y se aísla del resto de las caras, da lugar a violencia y falta de control. La violencia es un uso inadecuado de la agresividad, pues el violento *está dominado* por su agresividad en lugar de ser *él quien la domina*. Ya hemos mencionado que

---

[24] Mt.11:29.

cierta dosis de agresividad (en su sentido etimológico de «la fuerza que te impulsa hacia») es legítima en todo hombre.

Por ello los hombres emocionalmente heridos, desvirtúan la agresividad del guerrero y la pervierten en violencia, o bien en pasividad:

Si la cara del guerrero se enfatiza demasiado puede derivar en agresividad sin control, es decir en violencia.

Si la cara del guerrero se enfatiza poco, puede dar lugar a una persona pasiva, privada de la fuerza y energía vital de una sana agresividad.

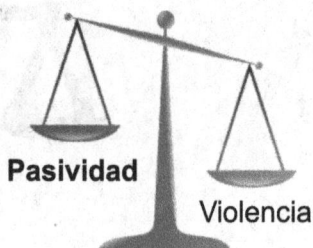

Violencia   Pasividad

Pasividad   Violencia

El Guerrero es un asceta, emocionalmente distante a todo aquello que no tiene relación con su causa (p. e. el matrimonio). Por esta razón, el Guerrero ha de relacionarse con el resto de arquetipos masculinos, porque de lo contrario los resultados pueden ser desastrosos. El Guerrero sádico se encuentra en los hogares donde la violencia doméstica es práctica común, en los trabajos donde los encargados y superiores atormentan a los trabajadores con exigencias constantes[25].

---

[25] MOORE, Robert. *La nueva masculinidad.* Op. Cit., p.99.

La mansedumbre en la cara del Rey: *ni desertor ni tirano*

Sin el equilibrio de la cara del Rey, el hombre no es capaz de controlar su agresividad ni de templar su ánimo. Ante la falta del freno de la sensatez, la justicia y el honor, el péndulo de su integridad se desequilibra y cae en los extremos del «desertor» o del «tirano». El desertor es el hombre que renuncia a su código de honor y vive según los impulsos de su naturaleza pecadora, es el hombre descrito en el Salmo 73 que «logra con creces los antojos de su corazón». Por contra el tirano, es el tipo de hombre que radicaliza su sentido de justicia y lo convierte en un legalismo sin misericordia. Su sentido del deber se ha degradado y vive bajo un estricto cumplimiento de leyes y normas que hay que obedecer, so pena de la condenación y el juicio. Los fariseos serían un buen ejemplo. De ahí la advertencia de Jesús cuando les enseña que es la ley la que debe estar al servicio del hombre y no viceversa[26].

Si la cara del Rey se enfatiza demasiado, el hombre se convierte en legalista, anteponiendo el cumplimiento de leyes y normas, a la misericordia y el perdón. Se pervierte en tirano.

Cuando el hombre enfatiza poco su código de honor, renuncia a la integridad, convirtiéndose en un desertor de sus ideales y sentido de lealtad y justicia. Se pervierte en desertor.

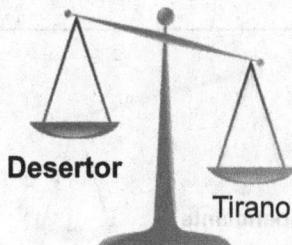

Tirano

Desertor

Desertor

Tirano

---

[26] Mrc.2:27-28.

La mansedumbre en la cara del Amante:
ni insensible ni dependiente

Si la cara del Amante se trabaja demasiado sin el equilibrio del resto de las caras, da lugar a hombres sumisos y dependientes de sus esposas, o bien a hombres fríos y distantes en el plano afectivo. Cuando el hombre permite que la balanza se desequilibre hacia el amante dependiente, entonces su destino se bifurca en dos caminos: por un lado cae preso en la redes del amor romántico y sentimental, sometiendo su voluntad a las cadenas del apego emocional. Quizás Sansón o Salomón sean un triste ejemplo de esto. Por otro lado puede caer preso en las cadenas de *eros* limitando su vida a una búsqueda desenfrenada de los procesos de conquista, seducción, deseo y lujuria. Pero cuando la balanza se desequilibra hacia el amante insensible, da lugar a hombres fríos y distantes de sus esposas, desconectados del plano emocional y privados del afecto y la ternura que toda mujer necesita.

Cuando la cara del amante se exagera, da lugar a hombres dependientes, sin voluntad propia. Hombres encadenados al plano emocional y por tanto esclavos de sus sentimientos y emociones.

Si la cara del amante se descuida, produce hombres insensibles y distantes, sin afecto ni ternura. Hombres incapaces de llenar el tanque emocional de sus esposas.

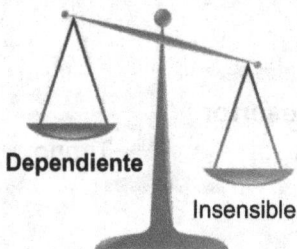

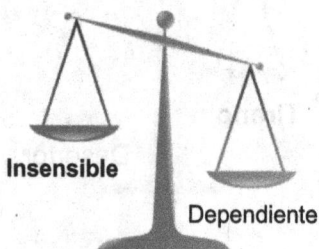

Dependiente

Insensible

Insensible

Dependiente

La mansedumbre en la cara del Sacerdote: *ni legalista ni consentidor*

Si el hombre confunde su papel de guía espiritual de su familia, con el cumplimiento de una religión de leyes y preceptos, su rol como sacerdote se ha desvirtuado quedando a la altura de los líderes religiosos de la época de Jesús, que denigraron el concepto de espiritualidad a una religiosidad ritualista y vacía. Por contra, cuando el hombre descuida su papel como guía espiritual, o bien cuando entiende que la época de la ley ya pasó y se escuda en una gracia «del todo vale», lo que resulta es un hombre que no tiene una sana disciplina de oración, que no es ejemplo de vida, que no integra la espiritualidad en todo lo que hace y es. El primero tiene la mente tan estrecha que corre el riesgo de que se le *fosilice el cerebro*, mientras que el segundo tiene la mente tan abierta que corre el riego de que se le *caiga el cerebro*.

La cara del sacerdote puede resultar en legalista, cuando el hombre se olvida de que el amor, la misericordia y la integridad personal, son la clave de la espiritualidad personal y familiar.	Cuando el hombre descuida el cultivar su responsabilidad espiritual como sacerdote de su hogar, su falta de compromiso deja sin cobertura espiritual a su esposa y sin modelo a sus hijos.

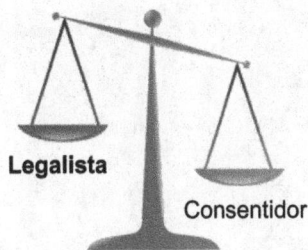

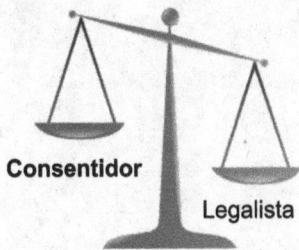

Legalista

Consentidor

Consentidor

Legalista

177

La mansedumbre en La cara del Amigo:
ni egoísta ni solitario

Todo hombre debe aprender a vivir la vida por sí mismo, en una correcta relación con Dios y en paz con su ser interior. Sin embargo y como seres relacionales tenemos necesidad de amistades significativas que enriquezcan nuestra vida y nos libren de nuestra tendencia natural al aislamiento. Nuestro pasado generacional, donde en muchos casos los hombres no han tenido un padre presente y afectivo, unido al contexto cultural donde hemos crecido, donde también en muchos casos se nos modeló a ser hombres duros e independientes, han formado generaciones de hombres cuya idea de la amistad era salir a divertirse y dar rienda suelta a los instintos primarios y carnales. Pero la palabra amistad viene de amar, y para amar hay que dejar lo superfluo y entrar en el coto privado de nuestros sentimientos y emociones.

Llegados a este punto tenemos dos extremos. Por un lado el hombre que ante el déficit afectivo de su pasado, «consume amigos», es decir el hombre que demanda compañía, cariño, respeto y lealtad en dosis excesivas, no estando dispuesto a retribuir lo mismo. Demanda pero no da. Y por otro lado el hombre, que también ante el déficit afectivo de su pasado, aprendió a reprimir sentimientos, no siendo capaz de dar (amistad) aquello que nunca recibió (cariño).

Cuando la necesidad de sanar una herida emocional producida por falta de cariño, exige amistad, provoca que la cara del amigo se desvirtúe hacia una relación egoísta y demandante.

Si el hombre no renuncia a romper su inercia al aislamiento y la soledad, puede convertirse en un llanero solitario que rechace enriquecer su vida con la amistad, volviéndose huraño y antisocial.

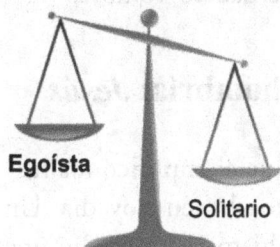

Egoísta

Solitario

Solitario

Solitario

De forma que es solo bajo el concepto de mansedumbre, de equilibrio, de dominio propio, que logramos coordinar las cinco caras que deben formar parte de la identidad de un hombre de integridad. El corazón del hombre y sus fuentes de poder beben de un equilibrio armónico de la cara del guerrero, del rey, del sacerdote, del amante y del amigo.

Todos estos arquetipos, todas estas fuerzas o motivos universales de lo que debe ser un hombre, desarrolladas por varios autores a través de todos los mitos y leyendas ancestrales a los que Carl Jung denomina «inconsciente colectivo», provienen de una fuente común que antecede a los relatos históricos y a las leyendas: La Palabra de Dios revelada. La Biblia que en su primer libro, en el libro de los orígenes, el auténtico relato pre-histórico, que no es un mito, sino un anti-mito, desmitifica todos los relatos politeístas y mito-poéticos sobre el origen de la creación, y del propio ser humano. Por tanto las fuerzas universales que han dado lugar a los distintos arquetipos o caras de un hombre de integridad, provienen de Dios mismo y llevan su impronta, reflejando en el hombre, la grandeza de haber sido formados y creados a Su imagen y semejanza.

Por ello, el propio Jesús, al abandonar su posición en los cielos a la diestra del Padre, representa al Hijo modélico que se hizo «carne» tomando forma de hombre, pero con los atributos de la perfección. Dios el Hijo, hecho verdadero hombre.

7. El verdadero arquetipo de hombría: *Jesús*

Hubo un hombre sobre la tierra que ejemplificó los rasgos de la hombría que tanta falta nos hacen hoy día. Un hombre que cambió el rumbo de la historia y nos dio una esperanza por la que vivir, luchar y amar. Dio su tiempo, su energía, su propia vida, por una causa suprema, aceptando la responsabilidad, el reto y la humillación de una vida terrenal llena de rechazos, incomprensiones y traiciones. Por el ejemplo de su vida y sus enseñanzas, nos dejó los principios que siempre podrán hacer de nosotros hombres con propósito, hombres de valor, héroes de lo cotidiano. Su nombre es Jesús de Nazaret.

Ya sabemos que «bravura y ternura» son dos facetas opuestas de lo que constituye la verdadera masculinidad. Estos dos aspectos se encarnan y adquieren su mayor expresión en la figura de Jesús. El Maestro, de igual forma actuaba movido por la compasión, la ternura y la sensibilidad hacia los necesitados, que movido por la ira, la dureza y el juicio severo hacia los fariseos hipócritas y religiosos. El modelo que Jesús nos deja en Lucas 2:52 y al cual ya hemos hecho mención al comienzo del libro, nos habla sobre el crecimiento integral e ilustra muy bien la incorporación de las cinco caras del hombre en dichas facetas de crecimiento. Jesús crecía:

— En sabiduría: *La cara del rey.*

— En estatura: *La cara del guerrero.*

— En gracia para con Dios: *La cara del sacerdote.*

— En gracia para con los hombres. *Las caras del amante*[27] *y amigo.*

Jesús, es el perfecto hombre sincero, veraz, puro, sensible, con autoridad y resolución, que irradia autenticidad y despierta fascinación y expectativas. Es el perfecto hombre que a nadie deja indiferente, y que la única vez que menciona un «aprended de mí» no es para exaltar su perfección y origen divino, sino para bajar a nuestro terreno y decir: *aprended de mi, que soy manso y humilde de corazón.*

Jesús es el modelo del verdadero arquetipo de hombre, y como tal inaugura un nuevo paradigma que será imitado a lo largo de toda la historia en fábulas, relatos y leyendas. Ese nuevo paradigma es el de héroe-salvador. Todos necesitamos héroes, modelos a los que imitar y huellas a las que seguir. En los años setenta, fruto de la teología de la liberación latinoamericana y de una interpretación marxista de las palabras de Jesús contra la explotación y las injusticias del mundo, un póster adornaba la pared de la habitación de muchos jóvenes de la época. El afiche, a manera de los carteles «Se busca» propios del salvaje oeste americano, decía lo siguiente:

---

[27] En Jesús la cara del amante trasciende los géneros y llega a la esencia del ser humano, sea hombre o mujer, lo mismo abraza tiernamente al discípulo amado, que muestra una sensibilidad y valoración por las mujeres, a las que dignificó y honró.

**RECOMPENSA:
LA ETERNIDAD**

JESUS DE NAZARET,

Galileo, 33 años, tez morena,
barba y cabellos al estilo
hippy, cicatrices en las manos y
los pies, cabeza, espalda y pecho.
Se acompaña de leprosos,
mendigos, perseguidos, y una
banda de doce incondicionales.
Escandaliza a las masas con frases tan revolucionarias como:
Amaos los unos a los otros
y *Perdonad a vuestros
enemigos.*
Si lo encuentras...
sigue sus huellas.

En Jesús confluyen todos los modelos y arquetipos de la
hombría y de la masculinidad. Él es nuestro referente primero
y principal. Él es «el camino, la verdad, y la vida», búscalo, en-
cuéntralo, pero sobre todo, sigue sus huellas...

CAPÍTULO 9

IX. El hombre en sus primeros roles:
Toma la espada y pelea

Para seguir las huellas de Jesús, nuestras vidas tienen que estar marcadas por el principio de la santidad, pues «sin santidad nadie verá al Señor»[1]. La santidad es un estado de consagración al que todo hombre debe aspirar. Para ser vencedores en la batalla de la vida tenemos que luchar en dos frentes importantes: reafirmar nuestra identidad, pues la identidad genera autoridad, y vivenciar y encarnar los atributos de las caras del hombre (fuerza, honor, ternura, lealtad) en nuestros roles principales como hijos de Dios, esposos y padres. Para ello y en Rom.12 la Palabra nos muestra tres exigencias que nos ayudan a clarificar que nuestra identidad como hijos de Dios, pasa por un espíritu de *sacrificio*, una conciencia de *separación*, y una voluntad de *transformación*.

---

[1] He.12:14

*...os ruego por las misericordias de Dios, que presentéis vuestros cuerpos en **sacrificio** vivo, santo, agradable a Dios, que es vuestro culto racional. **No os conforméis** a este siglo, **sino transformaos** por medio de la renovación de vuestro entendimiento.*

1. Sacrificio: *El principio de la acción*

Presentéis vuestros cuerpos en sacrificio

La palabra sacrificio no es popular en nuestros días pues vivimos en una sociedad marcada por la búsqueda del hedonismo y la cultura del placer instantáneo. Como para muchas personas no hay ideales que perseguir pues han perdido la fe en el futuro, lo que resta es vivir el presente y vivirlo con desenfreno, que es lo opuesto al sacrificio, ya que el mañana es incierto. Por tanto la ética de este mundo está marcada por el hedonismo, mientras que la ética del creyente está marcada por el principio del sacrificio. Aquí comienza nuestra distinción. Los conceptos de entrega, tesón, constancia y perseverancia, forman parte del espíritu de sacrificio. Son las caras del guerrero y del rey, e implican la fuerza para iniciar un proceso que nos lleve a una meta.

Como familia, en ocasiones nos gusta ver una película juntos y cenar pizza. A nuestro hijo Noel le encanta acompañarla de un buen refresco. Recordamos un viernes cuando habíamos decidido tener una sesión familiar de cine-pizza pero nos faltaba el refresco para nuestro hijo, así que decidí bajar al bar de la esquina y comprar un par de latas. Al entrar al establecimiento me dirigí a la máquina expendedora de bebidas y retiré dos envases. Cuando llegué a casa y nada más entrar María del Mar me dice: *Hueles a tabaco*, a lo que un poco sorprendido le respondí: *Bueno lo único que hice fue entrar al bar, sacar las bebidas y salir.* Y desde luego era cierto, pero de lo que yo no era consciente es de que al entrar al bar, e independientemente de que estuviera o no de acuerdo con lo que allí había (viernes noche, mucho alcohol, mucho humo...), no pude evitar el ser contaminado con parte del ambiente que allí se respiraba.

Utilizamos esta anécdota para ilustrar la idea de que cuando cada lunes abres la puerta de tu casa para entrar «al ambiente de esta sociedad» y pasas en ella 6, 8 ó 12 horas, al regresar a casa tú no podrás evitar el ser contaminado con parte de ese ambiente, es decir parte de la ética, costumbres y estilo de vida de esta sociedad se te va a pegar, te guste o no. Esta idea se define muy bien en el evangelio de Juan cuando dice: *No somos del mundo, pero vivimos en el mundo* y por tanto debemos oponernos a la cultura del *presente siglo malo*[2], no mezclándonos, ni consintiendo ni participando en cosas que la sociedad ha normalizado, pero que para nosotros como hijos de Dios, no son legítimas ni adecuadas. Es el principio de la acción y de la consagración que nos lleva a ser diferentes, y que define los valores de lucha, entrega y perseverancia, propios de la primera exigencia de la santidad: *el sacrificio.*

2. Separación: *El principio de la distinción*

No os conforméis a este siglo

Santidad implica la idea de apartarnos para Dios, consagrarnos a Su servicio. Al mismo tiempo cuando nos apartamos para Dios, nos estamos separando de la ética, costumbres y moralidad del mundo en el que vivimos. El creyente lucha contra la corriente de esta sociedad. Cuando en Rom.12:2 dice *No os conforméis a este siglo*, está queriendo decir que no nos hagamos conforme al molde de esta sociedad, conforme al esque-

---

[2] Gal.1:4

ma y forma de este mundo, que nos diferenciemos y separemos de ese estilo de vida.

El salmón nace en las aguas remansadas y tranquilas del curso alto de los ríos. Siendo aún un alevín, desciende río abajo y entra en el océano iniciando un viaje de miles de kilómetros mientras se va haciendo adulto. Llega un momento cuando la llamada de la naturaleza le impulsa a regresar al río por el cual una vez descendió, para desovar y reiniciar así el ciclo biológico de la vida. Esa es la verdadera aventura del salmón. Cuando inicia el ascenso por el río se va encontrando con saltos de agua y cascadas impetuosas que dificultan su recorrido y le suponen verdaderos retos, ya que tiene que luchar contracorriente. Sirva la analogía para ilustrar la idea de que los creyentes somos como el salmón y no podemos ir a favor de la corriente de esta sociedad, tenemos que luchar pues existe el peligro de dejarnos llevar y diluir la singularidad de nuestro cristianismo. Esta es la segunda exigencia de la santidad que nos distingue y diferencia: la *separación* de la corriente moral de este mundo. Por cierto, ¿sabes cuál es el único pez que nada a favor de la corriente? El pez muerto...

3. Transformación: *El principio de la renovación*

No os conforméis a este siglo sino transformaos

La palabra *transformación* en griego es *metamorfosis,* e implica un cambio de forma, que ha de producirse desde el interior de la persona. Este concepto se ilustra con la vida de la mariposa. En su origen la mariposa es una oruga, un gusano que cuando siente que va a comenzar el proceso de transformación segrega una sustancia sedosa con la que va envolviendo su propio cuerpo y que al contacto con el aire se va endureciendo, formando así el capullo o crisálida. Pasado el proceso de metamorfosis y con mucho esfuerzo el capullo se va rasgando y abriendo, hasta que finalmente sale volando, no un gusano que solo puede aspirar a arrastrarse, sino una mariposa con la capacidad de volar.

Se cuenta de un hombre que tenía un negocio basado en la cría de gusanos para obtener mariposas después del proceso de transformación. Esta persona observó que cuando llegaba el momento de la eclosión, a la mariposa le costaba mucho romper el capullo, tardaba mucho tiempo. Pensó que si lo rasgaba con una cuchilla la mariposa saldría antes, y cuanto antes saliera, antes la podía vender y agilizar así su producción. Efectivamente las mariposas salieron antes, pero por algún motivo no podían volar y eran presa fácil de sus depredadores. El problema fue que salieron antes de tiempo, y es que en el proceso doloroso de ir rompiendo el capullo, en ese esfuerzo por liberarse, los músculos de sus alas adquirían la fuerza que posteriormente les capacitaba para volar. La enseñanza aquí es que el sufrimiento en la vida cristiana nunca es gratuito, siempre es pedagógico y terapéutico, nos sana y nos enseña. A través de los procesos de cambio y del dolor, crecemos y maduramos, porque *a los que aman a Dios, todas las cosas les ayudan a bien*[3].

Llegados a este punto os voy a contar una historia:

Érase una vez dos pececitos tropicales que vivían en una hermosa pecera. Se llamaban Zipi y Zape. La pecera era realmente bonita, su fondo arenoso estaba lleno de algas, corales y hasta tenía su pequeño motorcito de burbujas. Su mundo era limitado pero confortable y cómodo, nuestros amiguitos se sentían bien. Su dueño tenía un barco pesquero y salían a navegar todos los días. En ocasiones veían tras la baranda de la barca, el mar azul, inmenso y majestuoso, resultaba impresionante y atractivo. Había algo en aquel gran océano que llamaba poderosamente la atención de los pececitos, era

---

[3] Ro.8:28.

*como una llamada ancestral, un deseo de conocer, de investigar...,
pero que en realidad venía a perturbar su tranquila existencia. Les
gustaría explorar aquel gran azul, pero era imposible, demasiados
obstáculos, sería una temeridad...*

*Sin embargo un día armándose de valor, Zape dio un salto fuera de
la pecera, yendo a caer sobre la cubierta del barco. Comenzó a dar
pequeños saltitos para superar la baranda que le separaba del mar,
pero esta era muy alta y no lo lograba. Zipi horrorizado veía desde
la pecera como su amigo poco a poco se iba quedando sin oxígeno,
hasta que Zape en un último intento y reuniendo todas sus fuerzas,
consiguió saltar y llegar al mar. Entonces se dio cuenta de que podía
nadar sin medir las distancias de lo grande e inmenso del océano
y todas sus posibilidades... era libre, podía nadar a mar abierto
y tomar sus propias decisiones. Cuando echó una última mirada
hacia el barco antes de alejarse, pudo ver desde el otro lado y con
otra perspectiva. Lo que vio fue un pequeño bote en la inmensidad
del océano y dentro del bote, una pequeñísima pecera donde estaba
atrapado en su tranquila mediocridad, un triste pececito...*

La valentía consiste en asumir riesgos. Solo se empieza a
vivir de verdad, cuando estamos dispuestos a crecer y a trans-
formarnos, no conformándonos con lo mínimo. Como hombres tenemos que hablar claro: no te conformes ni te adaptes,
deja ya la pasividad, no vivas como el pececito en la pecera, vive
como el salmón en la lucha contra corriente. Sé una mariposa
con nueva mentalidad, vive la metamorfosis, vive el proceso
quizás lento y doloroso de transformar tu vida y tus relaciones,
no te instales en la mediocridad y vuela hacia la excelencia. Ten
un corazón dispuesto al bisturí divino, cambia actitudes, rompe conformismos, adquiere compromisos. Sí, es cierto, hay que

pagar un precio, pero merece la pena pues *aunque tu principio haya sido pequeño, tu postrer estado será muy grande*[4].

Finalizamos este apartado igual que lo comenzamos. Para ser capaces de cumplir con nuestras primeras responsabilidades, debemos tener clara nuestra identidad. Acabamos de ver como nuestra identidad como hijos de Dios, pasa por un espíritu de *sacrificio*, una conciencia de *separación*, y una voluntad de *transformación*. No tengas miedo a salir de la tranquila complacencia de tu pecera de egoísmo y comodidad, asume tus responsabilidades, toma la espada y pelea por tu vida, tu familia y tu Dios.

---

[4] Job 8:7.

CAPÍTULO 10

X. El hombre como hijo de Dios: *Toma la espada y pelea por tu Dios*

1. Del desierto a la tierra prometida: *Fijando posiciones*

En 2003 nos mudamos a la ciudad de Sevilla en España. La casa era antigua y todavía conservaba un pozo de agua de unos 7 metros de profundidad. Con las obras de reforma algunos escombros cayeron al fondo del pozo, y al cabo de un año más o menos el nivel del agua empezó a descender y finalmente se secó. Lo que había ocurrido es que la suciedad de la obra y los escombros que habían caído, impedían que el agua brotara de la tierra arenosa del fondo. Para que volviera a brotar el agua, hubo que hacer un trabajo previo de limpieza para quitar las piedras y cascotes que habían caído del exterior. Para ello tuvimos que bajar al interior, a lo profundo del pozo, hasta el mismo lugar donde manaba el agua.

El pozo representa nuestro ser interior, nuestra intimidad profunda, donde todo hombre se siente inseguro y reacio a revelar sus miedos y luchas. El agua representa a Cristo, la verdadera agua de vida, y los escombros y cascotes caídos, representan la suciedad de este mundo y los pecados que impiden que el agua de vida brote en nuestras vidas. Edwin L. Cole es una de las voces proféticas del ministerio hacia los hombres. Iniciador de todo un movimiento de concienciación hacia el papel del hombre y la necesidad de redefinir sus roles. En su libro *Hombría al máximo* identifica cinco pecados que frenan la plenitud de vida para cualquier cristiano que anhele el agua fresca del Espíritu Santo.

En el capítulo 10 de la primera carta a los Corintios se nos advierte de como la primera generación del pueblo hebreo que había salido de Egipto, no pudo llegar a la tierra prometida quedando «postrados en el desierto». Es decir en actitud de derrota y conformación pasiva, privados de la abundancia de agua y alimento espiritual de Canaán, teniendo que conformarse con el maná en tierra seca y desierta. Esto ocurrió porque cometieron algunos pecados. Napoleón Bonaparte mencionó en una ocasión que quien no conoce la historia está condenado a repetirla. En esta línea los 13 primeros versículos de ICor.10 son un recordatorio para todos nosotros, una severa advertencia a no repetir los mismos errores que nos impidan tomar posesión de la tierra prometida, de la vida abundante a la que Dios quiere llevarnos a todos, pero con mayor responsabilidad a los hombres por ser cabeza y responsables de nuestros hogares. En sus primeros versículos la Palabra nos advierte a que no seamos ignorantes del pasado, y tomemos ejemplo de lo que no tenemos que repetir. El pueblo de Israel no pudo entrar a la tierra prometida porque sus escombros, sus pecados se lo impidieron, ¿cuáles eran esos pecados que imposibilitaron la entrada a la tierra que fluía leche y miel?

— v.6 **La codicia:** Es decir, la búsqueda de la satisfacción de nuestros deseos carnales y egoístas. La codicia es una inclinación o deseo desordenado de placeres o posesiones, un afán desmedido por lo que no se tiene. El Apóstol Santiago dice: *Codiciáis, y no tenéis; matáis y ardéis de envidia, y no podéis alcanzar; combatís y lucháis, pero no tenéis lo que deseáis*[1]. La codicia entra dentro de las pasiones que combaten en nuestro cuerpo, y en su esencia se opone al amor. El amor da, la codicia pide, el amor entrega, la codicia atesora y nunca tiene bastante.

— v.7 **La idolatría:** Supone un culto o devoción a imágenes, figuras o personas. Se trata de nuestro propio sistema de valores que antepone a la devoción a Dios, cualquier otra cosa. Es decir, la adoración o veneración indebida a todo lo que no sea Dios y su carácter santo. Uno puede idolatrar su trabajo, cuando este se antepone a la búsqueda de Dios. El sexo, los bienes materiales, la música, el deporte, las personas, todo puede convertirse en idolatría cuando hacemos de ello objeto de culto y devoción. La única veneración, culto o devoción que no es idolatría, es la adoración a Dios.

— v.8 **La impureza sexual:** El texto utiliza la palabra «fornicación» entendida en su sentido amplio de relaciones sexuales ilícitas sea entre personas casadas o no. Aquí lo ampliamos a cualquier desviación sexual. Esto incluye el ceder a la poderosa influencia de la corriente sexual impura, del deseo lascivo y de las pasiones sin control: lujuria, pornografía, masturbación compulsiva, fornicación, adulterio, homosexualidad, etc. Como ya se mencionó en apartados anteriores, todos los hombres sin excepción hemos tenido que resolver en nuestras vidas el no ceder a ninguna tentación sexual, existiendo por desgracia muchos creyentes

---

[1] Stg.4:2

que viven en derrota siendo controlados por alguna de las desviaciones mencionadas.

— v.9 **La tentación a Cristo:** En el desierto Jesús fue tentado por el Diablo a que hiciera lo indebido. Nosotros tentamos a Dios cuando le pedimos que bendiga o prospere algo que es contrario a Su voluntad. Cuando le pedimos que bendiga un trabajo o negocio que no hemos comenzado bien en la parte que nos correspondía. Cuando «utilizamos» a Dios para justificar nuestras acciones incorrectas pidiéndole que apruebe nuestros deseos carnales contrarios a su santidad.

— v.10 **La murmuración:** Es lo contrario a bendecir (decir bien de) que debería ser la marca del cristiano en todo su proceder hacia otros. La murmuración fue probablemente el mayor pecado del pueblo de Israel en su peregrinaje por el desierto. Cuando nuestros pensamientos y acciones están gobernados por un espíritu de queja, prejuicio y crítica, la murmuración se ha instalado en nuestras vidas agriando nuestro carácter y robándonos la paz que debe gobernar nuestros corazones.

Es evidente que el texto se está refiriendo a los creyentes, a la iglesia, pues habla de los que fueron bautizados y tomaron del mismo alimento y la misma bebida. Los escombros, los lastres, las alianzas con cualquiera de estos pecados que impidieron al pueblo de Israel llegar a la tierra prometida, nos son dejados como ejemplo a evitar y como advertencia de lo que nos puede ocurrir si caemos en ellos. Como dice el propio Edwin L. Cole:

Dios quiere que los hombres entren en Canaán, en ese lugar de descanso, bendición, éxito capacidad y autoridad. Él desea que estén allí. Sin embargo es obvio que los hombres todavía están errantes en el desierto, muriendo por causa del pecado y nunca llegan a ser los que Dios quiso que fuesen[2].

2. Escogiendo entre lo bueno y lo mejor: *Buscando la excelencia*

Parece que muchos hombres vivimos en los extremos de la pasividad o el activismo. En ocasiones confundimos pasividad con tiempo de reflexión, y activismo con espiritualidad. Cuando recordamos la historia de Marta y María en Lucas 10, observamos que todos somos un poco como ambas hermanas, debatiéndonos entre la preocupación y la devoción. Marta representa lo correcto, lo ordenado, lo urgente. En muchos momentos de nuestra vida todos somos como Marta entrando en cierto activismo de «quehaceres». María representa el lado contemplativo de la vida, la devoción, la búsqueda interior. El lema para las «Marta» sería: *'Hay que hacer para'*, mientras que para las «María»: *'Hay que estar con'*. Marta se preocupaba de *hacer* muchas cosas, María de *estar* con el Señor de todas las cosas.

En el v.42 Jesús menciona «la buena parte», lo cual indica que había «dos partes». ¿Acaso la parte de Marta era mala? No. Es cierto que había un afán y una preocupación, pero eran motivadas por su deseo de servir a Jesús. Su intención estaba en servir, lo cual es bueno, pero no es lo mejor. Lo mejor era la parte de María: «Sentarse a los pies de Jesús». Esta expresión por un lado indica un alto en el camino, un tiempo relajado y tranquilo, mientras que por otro lado implica la actitud sumisa de un discípulo frente a su maestro. Despojarse de todo orgullo y justicia propia, reconocer que uno no sabe nada, y mirar al que lo sabe todo.

---

[2] COLE, Edwin Louis. *Hombría al máximo.* Op. Cit., p.27

De forma que el cristiano no tiene que escoger entre lo bueno y lo malo como hace la sociedad, sino entre lo bueno y lo mejor. Para nosotros el listón de nuestra ética y moral está mucho más elevado, significa dar un paso más, correr la segunda milla. La vida abundante a la que Dios nos quiere llevar, comienza con un proceso de transformación que nos remueve de nuestra zona de seguridad y nos arranca de una vida conformada. Recuerda que la primera exigencia en el proceso de la santificación es el sacrificio, la búsqueda de la excelencia. En el corazón de todo hombre, el equilibrio entre la pasividad y el activismo se resuelve aprendiendo a sentarnos a los pies de Jesús, pues al buscar Su presencia en nuestros tiempos personales de oración y reflexión, somos alentados a vivir con excelencia en cada una de las áreas de nuestra vida.

3. Permaneciendo en Su presencia:
Manteniendo la llama

La parábola de las diez vírgenes en Mt.25 simboliza dos formas de entender la vida cristiana: Las cinco vírgenes insensatas representan el cristiano carnal, holgazán y pasivo, y las cinco prudentes representan el cristiano íntegro, sacrificado y entregado a una vida de santidad. ¿Qué es lo que ya tenían ambas? Luz, llama. ¿Qué es lo que tenían que hacer? Mantener la llama. A ambas les había sido concedida la luz por gracia, pero el aceite necesario para mantener la llama era responsabilidad personal de ellas. El aceite para mantener la llama encendida, es lo que cada uno debemos aportar mediante nuestro sacrificio personal y buscando la PRESENCIA de Dios.

Las lámparas orientales de la época eran de barro y poseían una mecha de trapo. Mientras la mecha estuviera en contacto con el aceite, se producía la llama, pero cuando el aceite se acababa y la mecha seguía ardiendo, justo antes de consumirse, comenzaba a quemarse y por lo tanto en vez de luz producía un humo negro, todo lo contrario del propósito con el que había sido creada. Cuando en el desarrollo de nuestra vida cristiana no nos preocupamos de mantener la llama con una vida de lectura, oración y fidelidad a la Palabra, la llama se apaga, la mecha se consume y se quema. Con la llegada del humo, abrimos la puerta al enemigo y alentamos las obras de la carne.

El mantenimiento de la llama es nuestra responsabilidad diaria. Debemos agendar un momento específico a lo largo del día para entrar en la presencia de Dios y mediante la lectura, oración y reflexión, recibir el aceite de la unción. Solo cuando crucificamos nuestras aspiraciones personales, confesamos nuestros pecados y damos al Señor el control de todas las áreas de nuestra vida, el poder del Espíritu Santo estará presente dotándonos de la energía santa para ser hombres de integridad.

CAPÍTULO 11

XI. El hombre como esposo: *Toma la espada y pelea por tu mujer*

Algo importante que el hombre tiene que entender es que Dios nos ha puesto *en* autoridad sobre nuestras esposas, como un principio de responsabilidad que se sustenta sobre la realidad de que también Dios nos ha puesto *bajo* Su autoridad en Jesucristo. Esto quiere decir que mientras el hombre no se someta al señorío de Cristo en su vida, siguiendo su modelo de sacrificio a la Iglesia, no se ganará el *respeto* de su mujer ni la *autoridad* delegada por Dios. Es decir que solo cuando el hombre cumple con su responsabilidad personal con Dios, está capacitado para asumir el rol de esposo y ser el hombre que ama y cuida a su mujer.

1. Falsos conceptos de cabeza, autoridad y sometimiento

No queremos dejar pasar la oportunidad, de cortar cierto grado de sospecha que parece que todavía subsiste cuando hablamos de determinados términos de contenido bíblico, que han sido erróneamente entendidos y por lo tanto erróneamente aplicados. Es importante que tengamos muy claro el significado de cada una de estas palabras, para privarlas de su connotación negativa y situarlas en su justo contexto. Nos referimos al concepto de «autoridad», y a las responsabilidades que en el matrimonio Dios le dio al hombre de «ser cabeza»,[3] y a la mujer de «sujetarse»[4]. Empecemos por definir la palabra «autoridad». Comenzar diciendo que autoridad no es imposición, de esa forma sería autoritarismo, ni tampoco la autoridad implica estar en un plano de superioridad o distinción sobre los demás.

El término autoridad se deriva del verbo latino *augere*, que quiere decir «ayudar a crecer». Por tanto se trata de un término positivo que en otra acepción de su significado latino añade la idea de que autoridad viene de «autor», y un autor es alguien que *expone* no que *impone*, es decir que convence por exposición de argumentos y no por imposición de los mismos. La autoridad debe estar basada en una relación de afectividad y de amor, ejercida y reconocida de forma natural. La autoridad no se otorga, se gana y se reconoce sin necesidad de utilizar la fuerza de la imposición. Alguien con autoridad es alguien que vive en el mismo plano, creencia y experiencia.

En la Biblia y aplicado al contexto del matrimonio, la autoridad del hombre como cabeza implica un principio de res-

---

[3] Ef.5:23
[4] Ef.5:22

ponsabilidad a la hora de proteger y suplir las necesidades de su pareja y familia. También hay que hablar de un principio de liderazgo entendido como la capacidad de tomar decisiones, y resolver problemas, dado que por nuestra naturaleza los hombres desarrollamos más la parte de nuestro cerebro que trabaja con lo lógico, lo racional, lo práctico, los proyectos y la exploración. Por supuesto sin que esto implique ningún tipo de menosprecio hacia la mujer, que desarrolla otros aspectos que al hombre le cuestan más: intuición, empatía, visión globalizada, facilidad de expresión y comunicación. Por tanto hablamos de distintas capacidades que unidas, forman el concepto de complementariedad.

En cuanto al término *sujeción* o *sujetarse*, tiene que ver con el hecho de que la mujer apoye y refuerce a su marido, pues muy lejos de significar servilismo o vasallaje, implica que la mujer posee la capacidad para anular o valorar a su marido, para animarlo a que asuma su papel de cabeza, o para convertirlo en una triste caricatura de lo que es ser hombre. En Ef.5:21 la Palabra dice: *Someteos unos a otros en el temor de Dios.* La idea de sometimiento debe ser entendida como el derecho que la pareja se otorga de rendirse cuentas mutuamente. Por lo tanto, y situando a ambos en un plano de igualdad donde hay distintas responsabilidades, al hombre Dios le pide ser cabeza y a la mujer sujetarse. Como ya vimos en el círculo relacional, al hombre le pide amar a su mujer y a esta le pide respetar a su marido.

En lo que atañe a «cabeza», el término no implica imponerse ni ejercer mando sobre la mujer, aunque por desgracia y para una parte importante de la cristiandad haya sido así por siglos. El propio Jesús demostró que Él era el cabeza de la iglesia, lavándoles los pies a sus discípulos, es decir en un contexto de servicio. Asimismo en Ef.5 se nos pide que amemos a nuestras mujeres como Cristo amó a la iglesia, y por lo tanto en un contexto de sacrificio y entrega. Ser cabeza es en definitiva amar a la mujer supliendo sus necesidades, llenando su tanque emocional y dedicando tiempo a cultivar la relación en todos los aspectos. ¿Qué mujer no estaría dispuesta a sujetarse o someterse a un marido así? Cuando obedecemos la voluntad de Dios cumpliendo cada uno con nuestro papel, estamos en la identidad que Él nos otorgó, eso nos da seguridad, pues un principio importante que se deriva de la Biblia es que la *identidad* genera *autoridad*.

2. La seguridad masculina que toda mujer necesita

En la cara del amante ya desarrollamos la idea de que el hombre debe ser quien dé cobertura y cuide a su familia como una de sus primeras responsabilidades. Acabamos de definir el término «cabeza» y una de sus características es saber transmitir seguridad al alma de la mujer. Cuando Sergio Synai menciona que el hombre ha perdido las tres patas de la masculinidad (protector, proveedor, procreador) la primera de ellas alude justamente a la necesidad de toda mujer por sentirse bajo la protección de su marido. El latido natural en el corazón del hombre tiene que ver con un sentido de defensa y protección, y el latido natural en el corazón de toda mujer, tiene que ver con sentirse abrigada y cuidada. El problema es que nuestra civilización tras milenios de abandono del diseño divino, ha promovido la pasividad en el hombre y la independencia en la mujer; una independencia que nació forzada y por defecto, pero que ahora es bandera de las reivindicaciones feministas.

3. La estabilidad femenina en la vida de todo hombre

En la dedicatoria de este libro, le expreso a mi propia mujer ese sentido de estabilidad y orden que todo hombre necesita: *Eres mi calma y mi sensata seguridad, tu presencia a mi lado aquieta mi parte indómita y salvaje, y me hace anhelar el hogar, la familia, la seguridad de mi tierra...* Todo hombre en lo profundo de su corazón posee un espíritu de conquista que le impulsa a explorar. Al principio del libro mencionamos que el varón es creado de la tierra y por lo tanto ligado al exterior, al territorio del mundo, mientras que la mujer es creada del varón, de su carne, y por lo tanto es relacional y ligada al hogar. La típica frase de que cuando el hombre se casa «sienta la cabeza» tiene mucho que ver con esto.

Lamentablemente muchos hombres al haber nacido en contextos urbanitas y no poder desarrollar su parte «indómita», unido a la ausencia de valores cristianos de fidelidad y compromiso, ha provocado que su natural tendencia a explorar y descubrir, se haya desviado hacia la conquista del «territorio femenino». Así nace el concepto del *Don Juan* y del *Play Boy*[5]. Pareciera que por norma general, la mujer que todavía no ha sido confundida por la cultura actual del «todo vale» sigue siendo más sensata y comprometida con su pequeño rebaño familiar, entre otros aspectos porque ella pare a sus hijos y el hogar es una prolongación de sí misma. A esto nos referimos cuando hablamos de la estabilidad femenina que todo hombre necesita.

---

[5] Aunque es bien cierto que en las sociedades de la ultramodernidad hemos dado la vuelta a la tortilla y hoy son muchas las generaciones de mujeres caracterizadas por ser las iniciadoras y consumidoras de sexo fácil, terreno que tradicionalmente estaba acotado a los hombres.

CAPÍTULO 12

XII. El hombre como padre: *Toma la espada y pelea por tus hijos*

1. La importancia del rol paterno: *El padre es el destino*

Sí, en gran medida el padre marca el destino de sus hijos. La importancia del rol paterno es clave. Por ello no nos sorprende que el modelo de oración con el que Dios nos enseña a orar en las Escrituras, comience con la palabra PADRE. Asimismo en Santiago se menciona que Dios tiene un lugar especial en su corazón para dos grupos específicos de personas. Los niños sin padre y las viudas. En Santiago 1:27 dice que la religión pura y si mancha es esta: *Visitar a los huérfanos y a las viudas en sus tribulaciones, y guardarse sin mancha del mundo.* Por tanto la religión auténtica es la que considera como prioritario el ayudar especialmente a dos tipos de personas distintas, los huérfanos y las viudas, unidos por una carencia común: la falta de esposo y la falta de padre. Es decir la falta del HOMBRE en sus vidas.[1] Tampoco es por casualidad.

El hecho de que nos valoremos a nosotros mismos como personas, depende en gran medida de la afirmación que nos viene de la voz masculina. El problema es que cuando esta no está, por las causas que sean, quien predomina es la voz femenina, y ya hemos visto que la falta de un aporte equilibrado entre ambos géneros puede traer graves consecuencias. Nuestra responsabilidad como padres y como hombres de integridad es muy grande, pues estamos marcando el destino de nuestros hijos.

La película protagonizada por Kevin Costner, *Un mundo perfecto*, refleja muy bien la herida del padre y la castración masculina a la que es sometido un niño. Butch es un convicto que acaba de fugarse de la prisión del condado. En su huida asalta una casa y secuestra a un niño como rehén. El muchacho vive con su madre y sus hermanas, son Testigos de Jehová, y su madre no le deja participar de los carnavales, ni de juegos de riesgo, manteniendo al niño sobreprotegido bajo sus faldas. Secuestrador y secuestrado irán forjando a lo largo de la película una relación paterno filial, cada uno suple las carencias del otro. Para Butch, William era el hijo que nunca *tuvo* y para William, Butch era el padre que nunca *estuvo*. Butch le sube en el techo del automóvil a todo gas por las carreteras del condado, le enseña a conducir, y hasta le dice que el tamaño de su pene es el adecuado para un chico de su edad. Lo libra del cascarón protector al que lo tenía sometido su madre[2], suple la presencia activa de un padre que reafirma, y va rescatando en él su masculinidad adormecida.

---

[1] Aunque es cierto que parte de esa necesidad de la figura paterna tiene que ver con la dependencia económica de la mujer y con la ausencia de instituciones para atender a los huérfanos. Pero eso no invalida la realidad de la importancia del rol paterno.

[2] Por culpa de su padre...

De ahí la tremenda importancia de que los padres sepamos transmitir a nuestros hijos recuerdos y vivencias, espacios de intimidad compartidos. Que sepamos pasar tiempo con ellos y aprovechar los momentos impresionables de la niñez para inculcar en nuestros hijos los valores y afectos que harán de ellos hombres y mujeres seguros. El niño necesita la figura presente y activa del padre porque la masculinidad se transfiere. El mensaje es que hubo alguien que me quiso, que me valoró, que me amó y pasó tiempo conmigo. Esa es la función de un padre presente.

Cuando éramos pequeños en ocasiones salíamos de pesca por los ríos de Asturias. Eran momentos hermosos. De buena mañana nos calzábamos nuestras botas de agua, preparábamos nuestra cesta de mimbre y nuestras cañas de pescar. Aquellas mañanas claras y frías eran muy importantes para mí como hijo. Mi padre me enseñaba como empatar[3] el anzuelo, como preparar el cebo y como lanzar la caña, quizás no hablábamos mucho pero pasábamos tiempo juntos haciendo algo en común. Yo no tendría más de 10 años y en ocasiones había tramos del río a los que le tenía miedo, y no me atrevía a cruzar al otro lado. Entonces hacía algo muy simple pero muy profundo, «levantaba los ojos hacia mi padre» y él me cogía en sus brazos pasándome al otro lado del río. En aquellos momentos yo me sentía en los brazos del hombre más fuerte del mundo... Ya hace años que mi padre falleció, pero su presencia sigue viva en mis recuerdos gracias a que él hizo el esfuerzo de pasar tiempo conmigo.

2. Del autoritarismo al servilismo: *Equilibrando funciones*

Hemos asistido con la llegada del siglo XXI a la consolidación de un modelo de paternidad que es producto de la socie-

---

[3] Término común en el argot del pescador que significa atar el anzuelo al sedal

dad permisiva y de la falta de estructuras sanas de autoridad. La trampa de la nueva paternidad que disfraza al padre como un tipo sensible, dispuesto a calentar biberones y cambiar pañales, que busca la amistad con su hijo adolescente confundiendo diálogo con consentimiento, y que rebaja su papel al de un progenitor servilista, no sirve como modelo de lo que debe ser un padre. De hecho es el extremo opuesto al papel tradicional del padre distanciado, autoritario e inaccesible. Ni autoritarismo ni servilismo, se trata de buscar una nueva paternidad que se quede a medio camino equilibrando funciones.

No estamos de acuerdo con la nueva metodología de educación que parece estar de moda, donde los derechos de los niños priman sobre los de los padres y donde los conceptos de autoridad y disciplina son mirados con cierto grado de sospecha. Parece que más bien relacionándolos con épocas pasadas donde fueron mal empleados, que asociándolos a su justo enfoque de crear en los niños una base de respeto y sana jerarquía que les capacite para ser hombres equilibrados y sociables en el futuro. Una de las bases troncales de toda civilización son las llamadas estructuras de autoridad necesarias para un orden social. Estar «bajo autoridad» y obedecer, unido a estar «en responsabilidad» y dirigir, son los polos opuestos pero complementarios, que cimentan la estructura de una personalidad estable.

En las carreteras existen estructuras de autoridad que son los policías a los que tenemos que saber sujetarnos y obedecer, para que el tráfico funcione. En los pueblos existen estructuras de autoridad que son los ayuntamientos, necesarios para regular, advertir, ayudar, sancionar y proteger la vida de los ciudadanos. Y en las familias deben existir unas estructuras de autoridad formadas por los padres que deben de ser los primeros en saber transmitir a sus hijos los conceptos de cariño, amor, disciplina, normas, costumbres. Es decir, el concepto global de las palabras «afectividad y valores».

Sin embargo pareciera que «la mano negra» que mueve la estrategia global, pasara de radicalizar los géneros a fusionarlos en una peligrosa identidad donde todo vale, cabe y depende. La igualdad de género es una reivindicación justa y legítima que pretende equiparar al hombre y a la mujer en el mismo nivel de privilegios y derechos. El problema es cuando bajo el lema de «somos iguales» se mete todo en el mismo saco, confundiendo los géneros y negando jerarquías y niveles de autoridad.

Suena bonito, pero es una trampa que priva a las relaciones sociales de padres e hijos, de los límites que deben diferenciar sus funciones. Es decir, padre e hijo no son amigos que están en el mismo plano ni al mismo nivel. La función parental se desarrolla desde un plano superior al del hijo, no superior en dignidad pero sí en responsabilidad. El padre debe velar y tutorear la educación integral de su hijo sabiendo balancear los extremos de afectividad y disciplina. Lo que llamamos valores afectivos (ternura, palabras de afirmación, valoración) y valores coercitivos (disciplina, normas, límites). Repetimos: es necesario equilibrar funciones.

3. Defiende tu pequeño terreno de lentejas

En II de Samuel capítulo 23 se narra la historia de los valientes de David. Hombres de honor que destacaron por su servicio leal al Rey y por su valentía en el frente de batalla. Eran 30 hombres de los que la Palabra destaca tres de ellos como los más renombrados por su defensa y arrojo. Los dos primeros realizaron grandes hazañas: uno de ellos mató a 800 guerreros, el otro peleó durante tanto tiempo contra los filisteos, que su mano quedó «pegada a la espada». El tercero de ellos llamado Sama, aparentemente no realizó una gesta tan espectacular, pero solo aparentemente. La situación era la siguiente: el pueblo había huido del ejército filisteo, quienes en tiempo de siega venían a saquear las cosechas. ¿Habían huido todos? Todos no, Sama se había parado «en medio de un pequeño terreno de lentejas» y lo defendió, matando a los filisteos y dándole Jehová una gran victoria. Aquel hombre valiente no se rindió a la adversidad y defendió su terreno. Bien, pero ¿por qué fue uno de los grandes?, solo defendió una pequeña parcelita... sí, pero esa parcelita era el terreno más importante, la base de nuestras primeras responsabilidades como hombres, es decir, nuestra familia, nuestra esposa, nuestros hijos, nuestro hogar.

Ahora me dirijo a ti, hombre, varón que estás leyendo. Tu familia, tu esposa e hijos, son tu cosecha preciada, son tu «pequeño terreno de lentejas» que el enemigo quiere arrebatar. Toma la espada y pelea como padre, como esposo y como hombre, tú debes formar parte de los valientes de David, y debes tener la seguridad de que si tomas la espada y defiendes lo tuyo, el Señor te asegura la victoria. Es posible que quizás te ocurra algo parecido a Gedeón, quien cuando estaba atemorizado y recogiendo a escondidas su propio trigo «expropiado» por los madianitas, Dios se le aparece y le llama «varón esforzado y valiente». Desde luego no era lo que parecía, todo el pueblo estaba invadido por los madianitas quienes, al igual que en el caso de Sama, habían venido en el tiempo de la cosecha para robar los frutos de la tierra. Gedeón más bien andaba mendigando a escondidas su propio trigo, atemorizado y sometido. Pero Jehová le nombra también como uno de sus valientes «varón esforzado y valiente», y cuando Gedeón a pesar de sus circunstancias de esclavitud, creyó la Palabra, pudo defender lo suyo, pudo luchar, y cuando luchamos con Dios, la victoria está asegurada.

Bueno quizás pienses que Gedeón venía de un origen humilde y de una situación de esclavitud, pero Sama a fin de cuentas ya era uno de los principales soldados del ejército de David, un hombre valiente y seguramente con un pasado intachable. En realidad no era así, también Sama venía de un contexto de pobreza y miseria. En I Samuel capítulo 22 leemos que el ejército de David estaba compuesto por hombres «afligidos, endeudados y amargados de espíritu». Ambos, Gedeón y Sama, comparten un mismo principio y un mismo destino. Eran hombres sin dignidad, uno formaba parte de un ejército de hombres sin esperanza, el otro vivía derrotado y sometido a quienes habían invadido su propia casa. Pero ambos creyeron las promesas de Dios y desde su situación de pobreza, Dios les dio la victoria, convirtiéndolos en hombres de integridad, en valientes que supieron desde su situación de miseria, empuñar la espada y pelear. Tú no tienes menos que ellos, pero sí tienes la posibilidad de ser como uno de ellos y defender lo tuyo. Recuerda que no es tan importante como empiezas tu *origen*, sino que lo importante es como acabas tu *destino*.

La arena y el carbón son elementos naturales poco valiosos. La arena se utiliza en la Palabra para ejemplificar algo poco sólido, inconsistente, o bien de escaso valor. Recuerdo que el carbón se utilizaba como una penalización cuando en la época de la Navidad uno no se había portado bien, y entonces se le «regalaba» carbón. La grandeza de estos materiales tan sencillos y su valor posterior solo se obtienen después de que sufren un proceso lento de profunda transformación.

Pero en realidad no queremos hablar de arena y carbón sino de perlas y diamantes. Lo interesante es que las perlas y los diamantes no siempre fueron joyas preciosas, de hecho su origen es más bien vulgar y poco elegante. La perla proviene de la ostra, pero su causa originaria, es un grano de arena. Me explico. Las ostras son moluscos que poseen una parte orgánica muy vulnerable a las agresiones del medio marino y por ello su concha es muy resistente. Sin embargo cuando la ostra está abierta, puede ocurrir que nuestro granito de arena se instale en su interior.

Cuando esto ocurre la ostra se cierra inmediatamente y para defenderse de esa agresión exterior comienza un lento proceso mediante el cual va recubriendo ese granito de arena con sucesivas capas nacarinas que al contacto con el oxígeno del agua se van endureciendo, y que al cabo de los años acaban formando una preciosa perla. Lo que en principio comenzó como un problema, acabó convirtiéndose en una joya. Lo que en principio era algo vulgar y sin valor, mediante el proceso adecuado se transformó en una piedra preciosa.

Vamos con el diamante. El origen del diamante comienza en un oscuro y vulgar trozo de carbón que mientras es sometido a una tremenda presión de las placas tectónicas en el corazón de la tierra, acaba cristalizando y convirtiéndose en diamante. Interesante ¿verdad? La lección a aprender aquí como hombres de integridad, es que no importa nuestro origen ni lo que tú pienses de ti mismo, lo importante es qué piensa Dios de ti y cómo te ve en tu máximo potencial cara al futuro. Los «Gedeones» y los «Sama» se veían como arena y carbón, pero fueron valientes, creyeron a Dios y fueron transformados en perlas y diamantes para Su gloria.

Palabras finales: *Siendo más que vencedores*

Querido lector, nuestro camino juntos llega a su fin. Las palabras finales que quiero declarar para tu vida son estas: *Sé uno de los valientes de David y defiende tu pequeño terreno de lentejas, defiende tu granero, sé un hombre esforzado y valiente como Sama y Gedeón. No andes más en derrota, anda en victoria, sé 'más que vencedor en Cristo' como dice Rom. 8:37.* Un día escuché a un pastor explicar mediante una anécdota lo que implica ser «más que vencedor».

Imagínate que asistes a un combate de boxeo donde está en juego el título de campeón mundial de los pesos pesados.

Al ganador le espera un cheque millonario. Comienza el primer asalto y los dos púgiles se van tanteando, los golpes se suceden por partes iguales y llegan al último asalto sin que haya un claro ganador, pero en el último minuto uno de ellos lanza un gancho directo a la mandíbula de su oponente y lo derriba por K.O. técnico. El árbitro levanta la mano del ganador (que también ha recibido lo suyo pues tiene un ojo amoratado, la ceja partida y el labio hinchado) y lo proclama campeón mundial de los pesos pesados entregándole un cheque millonario.

El hombre llega a su casa y cuando su mujer le abre la puerta, se queda asombrada y dolida al ver su castigado rostro. El hombre no dice nada, solo le extiende el cheque, y cuando ella lo coge... ¿Sabes quién fue en realidad el vencedor?... Piénsalo por un momento... ¿Has pensado que fue ella la vencedora? Pues no, te has equivocado, el vencedor fue el hombre y cuando él le extiende el cheque a su mujer y ella lo coge, ella fue «más que vencedora» porque sin recibir ni un solo golpe fue beneficiaria de un cheque millonario. ¿Te das cuenta de que tú y yo como hijos de Dios somos más que vencedores? No podemos rebajar el listón, la salvación es gratis pero no barata. Dios nos dio el regalo mayor al costo más alto: su propia vida. Vivamos de acuerdo a ese sacrificio siendo hombres de integridad.

Rechaza la mediocridad y la pasividad, cree en las promesas del Señor, Él te ve como uno de sus valientes, como varón esforzado, como más que vencedor. Busca su presencia, recibe sus promesas y vive como un hombre de honor e integridad, recuerda que tu identidad como varón genera la autoridad necesaria para vencer. El requisito es un compromiso permanente de honrarle a Él en todas las áreas de tu vida, la recompensa ¡Es la victoria!

¿Estás dispuesto a asumir el compromiso?

Los pactos de integridad se sellan en documentos[4] como el que sigue. Si estás dispuesto a asumir el compromiso de tomar la espada y pelear por cada una de las áreas de tu vida, este es el paso final. Lee la declaración, encomienda al Señor tu vida y fírmala.

DECLARACIÓN DE INTEGRIDAD

Prometo solemnemente ante Dios y los hombres, asumir la plena responsabilidad sobre mi vida, la de mi esposa y la de mis hijos.

Prometo amarlos, protegerlos, servirlos y enseñarles la Palabra de Dios como líder espiritual de mi hogar.

Prometo mantener la fidelidad a mi esposa, amarla, honrarla y protegerla durante el resto de mi vida.

---

[4] La Declaración de Integridad que figura en estas páginas es una adaptación de *La resolución para hombres*, de Stephen y Alex Kendrick.

Prometo bendecir y cuidar de mis hijos, enseñándoles a amar a Dios y siendo ejemplo en sus vidas.

Prometo enfrentar el mal, luchar por la justicia y vivir persiguiendo la integridad en mi vida personal.

Prometo trabajar con honradez y ánimo proveyendo para las necesidades de mi familia.

Prometo perdonar a los que me hagan mal y reconciliarme con quienes me hayan defraudado, buscando estar en paz con todos los hombres.

Prometo aprender de mis errores, arrepentirme de mis pecados y andar en la verdad buscando ser responsable en todas las áreas de mi vida.

Prometo esforzarme valientemente, y con la ayuda de Dios, en cumplir este compromiso y ser un hombre de valor e integridad por el resto de mis días.

Porque no nos ha dado Dios espíritu de cobardía,
sino de poder, amor y dominio propio.

Firma

RECURSOS DE FORMACIÓN Y ASESORAMIENTO

Instituto de Formación Familiar
www.institutoinffa.com

INSTITUTO DE FORMACIÓN FAMILIAR

Fundado en el año 2005, como la extensión académica del ministerio DE FAMILIA A FAMILIA, el INSTITUTO DE FORMACIÓN FAMILIAR (INFFA) es una asociación sin fines de lucro que ofrece una formación rigurosa e integral a pastores y líderes eclesiales, profesionales y estudiantes de psicología, sociología, ciencias de la salud y de otros estudios afines, así como a todas aquellas personas que desarrollan una labor de consejería pastoral y orientación familiar. La pedagogía de formación del INFFA sigue el modelo combinado que partiendo de la consejería bíblica como la base inicial, completa la formación con determinadas técnicas y metodología tomadas del campo de la psicología y la intervención familiar sistémica.

Los cursos mediante los que se obtiene la titulación de Experto en Orientación Familiar, cubren un mínimo de 200 horas lectivas tanto en su formato presencial como online.

La formación online a través de Internet sigue el modelo pedagógico de comunidad virtual que está orientado hacia la participación y la interacción de los estudiantes de cada aula virtual. Nuestros cursos se ven enriquecidos por las ventajas del aprendizaje colaborativo a través de metodologías que impliquen la resolución de problemas, la participación en el desarrollo de proyectos, la discusión y la indagación.

La formación presencial conjuga varios factores que la hacen particularmente interesante:

1. El concepto de seminario itinerante en la formación presencial. El INFFA se desplaza a las principales ciudades del país, acercando el seminario y haciendo asequible la formación presencial a todos.
2. El formato de un fin de semana intensivo por trimestre académico, facilita que cualquier persona capacitada pueda acceder a la formación sin por ello dejar sus responsabilidades laborales o ministeriales.
3. La facultad de profesores está formada por los más prestigiosos profesionales cristianos en el campo de la psicología, teología y otras ciencias afines a la intervención y orientación familiar.

Asimismo el INFFA ofrece un programa de asesoramiento para la puesta en marcha de un ministerio de consejería a medida de la iglesia local que lo solicite. Para más información pueden consultar la web. www.institutoinffa.com

Familia *Familia*

DE FAMILIA A FAMILIA

Es una asociación que nace en España (Barcelona) en el año 1990, con el propósito de dar respuesta a las necesidades fundamentales de nuestra generación en el ámbito familiar, y de ayudar a mejorar y fortalecer la calidad de vida de los matrimonios y familias de nuestro país y del entorno hispano, desde una perspectiva cristiana en su planteamiento de intervención familiar. Desde su inicio se ocupa en organizar y desarrollar actividades destinadas a cubrir todas las áreas del matrimonio y la familia:

Seminarios de Orientación al Matrimonio SOM. Se trata de cursos para parejas de novios en los que se les capacita con todas las herramientas necesarias para que inicien su relación matrimonial con garantías de éxito. Se trabajan temas como: plan y propósito de Dios para el matrimonio, comunicación y conflictos, principios de educación sexual y planificación familiar, cómo preparar la boda, los roles en la pareja etc.

Conferencias de Vida Matrimonial CVM. Se trata de conferencias en el marco de un hotel y durante todo un fin de semana, destinadas para matrimonios y enfocadas a que estos puedan hacer un alto en su vida cotidiana y pararse a reflexionar sobre temas como: Sociología y teología del matrimonio, pautas de comunicación y formas de resolver los conflictos, la intimidad sexual, paternidad y maternidad, etc.

Días familiares. Destinados a trabajar «a la carta» en el entorno de una iglesia local o grupo de iglesias, los temas que dicha iglesia considere pertinentes, y que pueden variar desde los ya mencionados en las conferencias hasta otros como los siguientes: las diferencias de género, la rutina en la pareja, las etapas del ciclo familiar, el problema del divorcio, etc.

Escuelas de padres. Conferencias coloquio y talleres interactivos donde trabajar con los padres, todos los temas que atañen a la función educativa con sus hijos: hacia una paternidad responsable, pautas educativas en la evolución de nuestros hijos, límites y disciplina en el hogar, pubertad y adolescencia, etc.

Radio DE FAMILIA A FAMILIA. Una serie de 35 programas de radio de media hora de duración donde en entrevistas guiadas se tocan todos los temas mencionados en apartados anteriores. Emitidos en formato libre permiten su difusión en cualquier emisora que los solicite.

Para ampliar información: www.defamiliaafamilia.es

DE HOMBRE A HOMBRE

El ministerio **De Hombre a Hombre** surge en España hace 10 años como respuesta a la necesidad de trabajar en la crisis de la masculinidad. Se trata de un curso titulado: *La búsqueda de la auténtica masculinidad*, compuesto por un pack de 24 DVD´s, traducidos de un material original del Dr. Robert Lewis. Se acompaña de un manual de referencia para el trabajo individual y por grupos. Los temas que trata son los siguientes:

— Las diferentes heridas que sufren los hombres.
— Una definición práctica y convincente de ¿qué es ser hombre?

— Las diferentes etapas en la vida del hombre.

— Consejos prácticos para ser un mejor esposo, padre, amigo, etc.

La dinámica de trabajo consiste en reuniones periódicas donde después del visionado de unos 45 minutos del video, se promueve un tiempo de reflexión en grupo para compartir experiencias personales en un ambiente de libertad y confidencialidad.

Para más información: www.defamiliaafamilia.es

CONFERENCIA NACIONAL DE HOMBRES

El ministerio de **CNH** nació en España hace más de 20 años con el firme propósito de equipar a los hombres espiritual, social y culturalmente, de forma que sean relevantes, que sean luz y esperanza para sus comunidades, sus familias e iglesias. Su visión es alcanzar, transformar y equipar a los hombres para el desarrollo de sus dones y su llamamiento, con el fin de que cada hombre pueda trascender en su influencia, a la comunidad y las naciones.

El ministerio CNH desarrolla a nivel de todo el territorio español una vez al año, un congreso interdenominacional de hombres, con conferenciantes internacionales y talleres de diversas temáticas. Asimismo promueve conferencias de hombres a nivel regional desde CNH Express, con el propósito de acercar la temática de la masculinidad a cada provincia de España.

Para ampliar información consultar la web: www.conferenciadehombres.com

CMA INTERNACIONAL Y ESPAÑA

La Asociación de Motociclistas Cristianos, CMA, es un ministerio interdenominacional que fue fundado en el año 1975 en Arkansas (USA) y que tras un recorrido de 39 años se ha extendido a 27 países, estando actualmente en fase de formación en cinco países más. La visión CMA es la de llevar el mensaje del Evangelio de Jesucristo a todos los motociclistas, habiéndose ganado en todos estos años el respeto de los principales clubs motociclistas del mundo, así como de numerosas instituciones eclesiales.

CMA España desarrolla encuentros, asiste a las principales citas y concentraciones motociclistas y también está en comunión con otros grupos motociclistas cristianos de Europa y USA, con el propósito de compartir con otros «moteros» la fe en Jesucristo.

Si sientes la pasión por las dos ruedas, así como la necesidad de compartir con otros lo que Jesucristo ha hecho en tu vida, en CMA estarán encantados de compartir carretera y experiencias contigo, así como proporcionarte la ayuda y capacitación necesaria para integrarte en nuestro motoclub cristiano.

Información y contacto en la web: www.cmaspain.org ó www. cmausa.org

Si quieres contactar con el autor para organizar retiros de matrimonios, escuelas de padres, consejería familiar y encuentros de hombres, puedes hacerlo a través del correo electrónico juanvarela@institutoinffa.com, o entrando en la web www.ministeriojuanvarela.es

BIBLIOGRAFÍA

Cole, Edwin Louis. *Hombría al máximo*. VIDA, Miami, 1989

Cole, Edwin Louis. *Hombres fuertes en tiempos difíciles.* GOZO-ZOEGRAF, Ecuador 2009

Cole, Edwin Louis. *Hombre de verdad* GOZO-ZOEGRAF, Ecuador, 2010

Grün, Anselm *Luchar y amar*. SAN PABLO, Madrid, 2005

Arterburn, Stephen. *La batalla de cada hombre*. UNILIT, Miami, 2003

Arterburn, Stephen. *Guía para la batalla de cada hombre*. UNILT, Miami, 2007

Crabb, Larry. *El silencio de Adán*. CLC, Colombia, 2002

Eldredge, John. *La travesía del corazón salvaje*. NELSON, Nashville, 2006

Eldredge, John. *Salvaje de corazón*. CARIBE, Miami, 2001

Morley, Patrick- *El hombre frente al espejo*. VIDA, Miami, 2002

Kendrick, Stephen. *La resolución para hombres*. B&H, Nashville, 2011

Wagner, E. Glenn. *El corazón de un hombre de Dios*. UNILIT, Chicago, 1997

Carvalho, Esly. *Cuando el homosexual pide ayuda*. CERTEZA, Buenos Aires, 2004

Cohen, Richard, *Comprender y sanar la homosexualidad*, LIBROSLIBRES, Madrid, 2004

Brett and Kate McKay. *The Art of Manliness*. Ciudadela Libros SL, Madrid, 2010

Nicolosi, Joseph. *Como prevenir la homosexualidad*. EDUCOM, México 2007

Polaino-Lorente, Aquilino. *Sexo y cultura*. RIALP, Madrid, 1992

Consiglio, William. ¿Qué es la homosexualidad?. CLC, Colombia, 2007

Polaino-Lorente, Aquilino. *Evaluación psicológica de la familia*. RIALP, Navarra 2003

Polaino-Lorente, Aquilino. *¿Hay algún hombre en casa?* DESCLEE, España 2010

Farrar, Steve. *El hombre guía*. MUNDO HISPANO, USA, 1999

Kendrick, Stephen. *La resolución para hombres*. B&H, Nashville, 2011

Sinay, Sergio. *La masculinidad tóxica*. EDICIONES B, Argentina 2006

Sinay, Sergio. *Esta noche no, querida*. INTEGRAL, Argentina 2004

Weiss, Douglas. *El sexo, los hombres, Dios*. CASA CREACIÓN, Florida 2003

Moore, Robert. *La nueva masculinidad*. PAIDÓS, Barcelona 1993

Bly, Robert. *Iron John, una nueva visión de la masculinidad*. GAIA, Madrid 1998

Montesinos, Rafael. *Las rutas de la masculinidad*. GEDISA, Barcelona 2002

B. Chinen. *Más allá del héroe*. KAIROS, Barcelona 1997

Josef C., Paul. *El eclipse del padre*. BIBLIOTECA PALABRA, Madrid, 2002

Maxwell, William. *El culto cristiano.* METHOPRESS, Argentina 1963

Maldonado, Jorge. *Aun en las mejores familias.* DESAFIO, USA, 1996

Wagner, Glenn. *El corazón de un hombre de Dios.* UNILIT, Miami, 1998

Varela, Juan. *El culto cristiano.* CLIE, Barcelona, 2002

Varela, Juan. *Tu matrimonio sí importa.* CLIE, Barcelona 2012

Omartian, Stormine. *El poder del esposo que ora.* UNILIT, Miami, 2002

Mira, Francisco. *Sexo y Dios* ANDAMIO, Barcelona, 2005

Tournier, Paul. *El hombre y su lugar.* ANDAMIO, Barcelona 1998

McCulung, Floyd. *El corazón paternal de Dios.* JUCUM, USA, 1985

Brigth, Bill. *Un hombre sin igual.* UNILIT, Miami, 1993

Frankl, Viktor. *El hombre en busca de sentido.* HERDER, Barcelona 1991

Rojas, Enrique. *El hombre ligth.* TEMAS DE HOY, Madrid 1992

Webber, Stu. *El corazón de un guerrero.* UNILIT, Miami, 2003

Lewis, Robert. *La crianza de un caballero moderno.* UNILIT, Miami 2009

Zapata, Marcos. *Guía de Acción Pastoral contra la Violencia de Género.* AEE, Barcelona, 2011

CLAI. *Etnias, culturas, teologías.* CLAI, Ecuador, 1996

Dooyeweerd, Herman. *Las raíces de la cultura occidental.* CLIE, Barcelona 1998

Frankl, Viktor. *El hombre en busca de sentido.* HERDER. Barcelona 1991

L.Penner, Clifford. *El hombre y su sexualidad.* CARIBE, Nashville, 1998

Perkings, Bill. *6 batallas que todo hombre debe ganar.* TYNDALE, Illinois, 2008

OTROS TÍTULOS DE LA COLECCIÓN

Hermanos, no somos profesionales
John Piper

La predicación en el siglo XXI
Pablo A. Jiménez

La Oración.
Teología y práctica
Fernando A. Mosquera

Consejería de la persona
Pedro Álamo Carrasco

Tu matrimonio sí importa
Juan Varela y M. Mar Molina

Apocalipticismo
Raúl Zaldívar

Encontrando a Dios
en medio de nuestros problemas
Larry Crabb

Riquezas, templos,
apóstoles y superapóstoles
Osías Segura

De pastor a pastor
Hernandes Dias

Frente a la tentación
Alfred Kuen

Cristianismo real
José Mª Baena

www.ingramcontent.com/pod-product-compliance
Lightning Source LLC
Chambersburg PA
CBHW010855090426
42737CB00019B/3376